高校思想政治理论课教学研究

李 刚 杨 飒 范经云 著

延邊大學出版社

图书在版编目（CIP）数据

高校思想政治理论课教学研究 / 李刚，杨飒，范经云著. -- 延吉 : 延边大学出版社，2022.11

ISBN 978-7-230-04205-5

Ⅰ. ①高… Ⅱ. ①李… ②杨… ③范… Ⅲ. ①高等学校－思想政治教育－教学研究－中国 Ⅳ. ①G641

中国版本图书馆 CIP 数据核字(2022)第 219852 号

高校思想政治理论课教学研究

著　　者：李　刚　杨　飒　范经云
责任编辑：刘晓敏
封面设计：品集图文
出版发行：延边大学出版社
社　　址：吉林省延吉市公园路 977 号　　邮　　编：133002
网　　址：http://www.ydcbs.com
E-mail：ydcbs@ydcbs.com
电　　话：0433-2732435　　传　　真：0433-2732434
发行电话：0433-2733056　　传　　真：0433-2732442
印　　刷：北京宝莲鸿图科技有限公司
开　　本：787 mm×1092 mm　1/16
印　　张：9.75　　字　　数：205 千字
版　　次：2022 年 11 月　第 1 版
印　　次：2023 年 2 月　第 1 次印刷
ISBN 978-7-230-04205-5

定　　价：68.00 元

前　言

大学生是我国实施社会主义现代化建设的重要储备力量，是我国未来发展的重要人才资源，其思想政治素质的高低，直接影响着党的建设与社会的发展。随着时代的进步，社会呈现多元化发展的趋势，大学生的思维方式、学习方式和接收信息的途径都在不断发生变化，这就要求高校思想政治理论课要跟上时代发展的步伐。

思想政治理论课是高校对学生实施思想政治教育的主要手段，也是高校贯彻落实党中央思想政治路线的重要方式，在帮助学生树立正确的世界观、人生观和价值观方面发挥着积极的作用。同时，高校思想政治理论课是落实德育为先的关键课程，讲好思想政治理论课是培养一代又一代社会主义建设者和接班人的重要保障，因此高校思想政治理论课必须从党和国家事业发展全局的高度，坚守为党育人、为国育才，把立德树人融入思想政治理论课的方方面面。

当前，多数高校都已开设思想政治理论课，并不断地深入研究此课程的教学方法，但个别高校仍然采用传统的“教师讲，学生听”的授课方法，教学方法过于单一，师生的互动性较差，导致学生的学习效率偏低，无法很好地实现高校思想政治理论课的教学目标。很多高校教师在教学过程中不断创新和改革，积极探索出一套行之有效的教学方法，努力使之在思想政治理论课的教学中发挥出最大的效应。

本书开篇对高校思想政治理论课教学的基本理论和习近平总书记有关思想政治理论课教学的重要论述，以及教育部的相关文件进行了介绍，揭示了新时代高校思想政治理论课教学模式创新的必要性。然后，对思想政治理论课教学的历史演变及思想政治理论课教学的现状和要求进行了分析，研究了目前高校思想政治理论课教学模式相关问题，重点分析了多学科交叉融合模式，并对学科思政的建设进行了思考。最后，对将来高校思想政治理论课教学理念的创新进行了相关的研究分析，旨在为高校思想政治理论课教学相关研究提供一定的理论依据。

由于笔者水平有限，时间仓促，书中难免存在不足之处，望各位读者、专家不吝赐教。

目　录

第一章 高校思想政治理论课教学概述

第一节 高校思想政治理论课教学的重要论述

在全国宣传思想政治工作会议、全国高校思想政治工作会议、全国教育大会等会议中，多次涉及高校思想政治教育问题，且观点鲜明、内涵丰富、说理透彻，为高校思想政治理论课教学的创新发展提供了实践指导。

《中共中央国务院关于进一步加强和改进大学生思想政治教育的意见》（中发〔2004〕16 号）对加强大学生思想政治教育的重要性、基本原则、主要任务、发挥课堂教学的主导作用等方面进行了详细的论述，强调了当前国际国内形势下加强大学生思想政治教育工作的重要性，充分体现了我国高等教育肩负着培养德智体美劳全面发展的社会主义事业建设者和接班人的重大任务。

在 2018 年 9 月的全国教育大会上，习近平总书记强调：“培养德智体美劳全面发展的社会主义建设者和接班人，加快推进教育现代化，建设教育强国，办好人民满意的教育。”这次大会确定了党的教育方针。

《关于加强和改进新形势下高校思想政治工作的意见》（中发〔2016〕31 号）详细阐述了高校作为大学生思想政治教育工作的主要场所肩负的五大使命，即人才培养、科学研究、社会服务、文化传承创新和国际交流合作。

习近平总书记在全国高校思想政治工作会议上的讲话指出，我国高等教育肩负着培养德智体美全面发展的社会主义事业建设者和接班人的重大任务，必须坚持正确的政治方向。高校立身之本在于立德树人，只有培养出一流人才的高校，才能够成为世界一流的大学。办好我国高校，办出世界一流大学，必须牢牢抓住全面提高人才培养能力这个核心点，并以此来带动高校其他工作。

特别是在 2019 年 3 月 18 日召开的学校思想政治理论课教师座谈会上，突出强调思想政治理论课作为高校立德树人的关键课程，要从根本上落实党的教育方针，解决好“培养什么人、怎样培养人、为谁培养人”的根本问题。

纵观这些论述，充分体现了我国新时期新阶段对高校思想政治理论课的重要地位和关键内容的重要论断，它们的重要价值主要体现在以下几个方面。

一、进一步确立和巩固了高校思想政治理论课的教学地位

在新的社会历史背景下，面对世情、国情、党情的深刻变化，我国社会已进入新的历史时期，思想政治教育的地位和作用日益突显，高校是人才培养和主流价值观念引导的主阵地，高校思想政治理论课的教学地位尤为突出。高校思想政治理论课教学最根本的就是要全面贯彻落实党的教育方针，深刻地揭示高校思想政治理论课对培养社会主义建设者和接班人的重要性，也诠释了高校思想政治理论课教学的关键任务和重要目标。

思想政治理论课作为实现高校立德树人根本目标的关键性课程，也是新时代背景下铸魂育人的重要课程。因此，面对当前国内外的发展局势，多种社会思潮、思想文化纷繁复杂，互联网飞速发展，影响着青年学生价值观的确立，必须立足中华民族的千秋伟业和中国特色社会主义事业的长远发展，坚持马克思主义理论的指导地位，坚持社会主义核心价值观，弘扬社会主义先进文化，开展好思想政治理论课教学，引导学生增强“四个自信”，激励学生把爱国情、强国志自觉融入建成社会主义现代化强国的实践之中，为中国梦的实现注入活力。这有利于我们从更加宏观、更加长远和更加广阔的视角，认识思想政治理论课教学的地位和作用。

二、进一步充实和凝练了高校思想政治理论课的教学内容

在高校思想政治理论课教学过程中，教学内容对思想政治理论课教学效果起着至关

重要的作用。学校思想政治理论课教师座谈会指出，为了更好地推动思想政治理论课的改革与创新，需要不断提高思想政治课的思想性、理论性、亲和力和针对性。坚持政治性与学理性相统一，以透彻的学理分析回应学生，以彻底的思想理论说服学生，用真理的强大力量引导学生。坚持价值性与知识性相统一，寓价值观引导于知识传授之中。坚持建设性与批判性相统一，宣传主流意识形态，批判各种错误观点和思潮，充分体现丰富思想政治理论课教学内容对其科学性、针对性和时代性的要求。

（一）要以马克思主义理论为指导思想和理论基础

近一段时间以来，受到一些因素的影响，部分高校的思想政治理论课任课教师放松了对马克思主义理论的学习，也放松了对青年学生进行马克思主义理论的教育，导致部分青年学生出现思想上的困惑。而改变这一现状的重要途径，就是要不断加强马克思主义理论教育，通过不断学习和掌握马克思主义的立场、观点、理论及方法，引导青年学生将课堂教学内容融入现实生活中。

党的思想政治教育取得成功的关键是“要坚持不懈传播马克思主义理论，抓好马克思主义理论教育，为学生一生成长奠定科学的思想基础”。在丰富和发展高校思想政治理论课教学内容时，中国共产党始终坚持以马克思主义和马克思主义中国化的理论成果为导向，确保其在内容体系中的核心作用和导向作用。在教学实践中，要把马克思主义理论作为高校思想政治理论课教学的重要内容，就必须强化马克思主义对青年学生世界观、人生观和价值观的影响。

（二）要以社会主义核心价值观为重要支撑

“社会主义核心价值观承载着一个民族、一个国家的精神追求，体现着一个社会评判是非曲直的价值标准”。随着各国经济和文化实力的竞争、国家间意识形态的激烈碰撞，西方意识形态和价值观念流入中国，对我国的主流意识形态产生影响。此外，在全球化浪潮的强烈冲击、市场经济发展面临的困境、互联网时代的价值挑战，以及多元文化交织等影响下，个别学生出现了一些价值选择方面的困惑，这时，社会主义核心价值观的作用更加突显。

因此，要迎接这些挑战和解决这部分学生的困惑，就要在高校思想政治理论课教学中加强社会主义核心价值观内容的教育；要“用社会主义核心价值观教育学生，引导他们扣好人生的第一粒扣子”；要把社会主义核心价值观作为思想政治理论课教学的主线，不仅要夯实和创新高校思想政治理论课的教学内容，而且要深化高校思想政治教育的理论建构，使其内化于心、外化于行，成为衡量自我社会行为的标准，在学生内心形成坚定的理想信念，从而推动整个社会精神文明水平的提高。

（三）必须具有时代性、亲和力和针对性

发展21世纪马克思主义、当代中国马克思主义，必须立足中国、放眼世界，保持与时俱进的理论品格。与时俱进是马克思主义理论的重要品质，随着改革的不断深入和社会实践发展，思想政治理论课教学内容必须与时代发展紧密相连，要将马克思主义中国化的最新成果融入高校思想政治理论课教学内容之中，使教学内容体现时代主题、展现时代精神，构建起一整套真正反映新时代思想政治理论课最新研究成果的教材体系。用马克思主义中国化的最新理论成果诠释社会热点，回答学生关心、关注的理论难点和社会焦点等，激发学生的时代责任感和与时俱进精神，使得高校思想政治理论课教学既彰显思想性，又体现时代性，既突出严肃性，又展现活泼性，从而更好地培养有时代担当的社会新人。

三、进一步归纳和整合高校思想政治理论课的教学方法

教学方法是高校思想政治理论课常谈常新的问题，高校思想政治理论课教学必须遵循思想政治工作规律、教书育人规律和学生成长规律，才能实现“因事而化、因时而进、因势而新”的目标。

（一）道德文化熏陶法

在教学实践中，教师可深入挖掘传统优秀文化，引经据典，合理运用《论语》《道德经》及优秀典籍著作，丰富高校思想政治理论课的内容，还可以借助漫画、歌剧、话剧和戏曲等形式，以及互联网、移动媒体等人们喜闻乐见的方式，丰富高校思想政治理论课的教学方法和形式，达到以文化人、以文育人的教育效果。

高校思想政治理论课教学应扎根传统文化和历史故事，从传统的道德文化中寻找答案，从而使学生在道德文化的感召下受到潜移默化的熏陶。同时，应善于把弘扬优秀传统文化与创新发展现实文化有机统一起来、紧密结合，努力实现在继承中发展、在发展中继承的重要目标。

（二）将读书学习法与实践教育法相结合的方法

读书学习的方法能够帮助学生掌握先进的理论与思想，接受理论思想的熏陶与洗礼；实践教育法则可以使学生把先进的理论思想转化为实践行动和物质力量，从而提高其理论水平和文化自信。

教师应当在高校思想政治理论课教学过程中激发学生的读书积极性，使其感受到读书的乐趣，并通过读书分享会等实践方式，分享读书心得、推荐优秀读物，让学生在读书、学习的过程中掌握社会发展规律、社会发展动态，以及党的政策方针等内容。

教师在进行高校思想政治理论课教学时，还需要把握实践教学的重要地位。一切学习都不是为学而学，学习的目的全在于应用。学习要做到“内化于心、外化于行”，在实践中学真知、悟真谛。

（三）将显性教育与隐性教育相结合的方法

显性教育和隐性教育在高校思想政治理论课教学过程中的重要性是显而易见的。显性教育方式多呈现外显性、直接性、组织性和计划性等特点，隐性教育方式多呈现间接性、隐蔽性和灵活性等特点。高校思想政治理论课教学应该从改革创新的角度，挖掘其他课程和教学方式中蕴含的思想政治教育资源，将主渠道教学与其他日常思想政治教育相结合，将课堂内外与线上线下教育相融合，形成合力教育教学的良好局面。同时，在教学过程中，高校思想政治理论课教学需通过战略性布局和规划、具体的教学设计，切实加强和提高隐性教育的比例，让学生在无意识中接受教育。

高校应把立德树人作为中心环节，利用好课堂教学的主渠道，坚持使思想政治理论课在改进中加强，提升思想政治教育的亲和力和针对性，从而更好地满足学生成长、发展的需求和期待。

四、进一步强调和关注高校思想政治理论课的教师素质

学校思想政治理论课教师座谈会强调，促进思想政治理论课的发展，关键在教师，应当充分发挥教师的积极性、主动性和创造性，用“可信、可敬、可靠，乐为、敢为、有为”肯定了思想政治理论课教师队伍，又提出了思想政治理论课教师“政治要强”“情怀要深”“思维要新”“视野要广”“自律要严”“人格要正”的六点要求。

当前，要重点关注高校思想政治理论课教师三个方面的素质。

（一）守正

科学推进马克思主义理论教育，真正让高校的思想政治理论课教学“实”起来。高校思想政治理论课作为大学生掌握、学习马克思主义理论教育的主渠道及落实立德树人的核心课程，始终聚焦认知、能力和情感三维育人目标。高校思想政治理论课教师要坚持马克思主义理论的主导思想，全面贯彻党的教育方针，传播马克思主义科学理论，做好马克思主义教育工作，而做好这一切的前提就是教师要真学、真懂、真信、真用马克思主义。

同时，广大高校思想政治理论课教师在教学中，还要以马克思主义理论研究和统编教材为基本指针，根据学生的不同特点，以个性化的风格，引导学生从理论学术层面去探究教材中的系列问题，通过批判性和建设性的学术思维锻炼，引导学生认同教材中的重点判断与命题，进而促使学生从更深层的理论内涵中把握教材内容，从而达到对理论体系的系统建构。

教师要敢于和善于打破框架、汇聚新意，以及挖掘亮点，运用更多贴近学生的方式，来传授马克思主义理论知识，对于极端个人主义和文化复古主义等错误观点、错误思潮的影响，高校思想政治理论课教师必须进行深刻剖析和批判，引导学生坚定理想信念、树立正确的价值观念。

（二）创新

高校思想政治理论课教学要坚持“八个相统一”，不断增强思想政治理论课的思想

性、理论性、亲和力和针对性。为此，高校思想政治理论课教师要按照创新发展的总要求，了解学生的所思所想，运用辩证唯物主义和历史唯物主义思想，创新课堂教学方式和内容。

教师应当准确地掌握学生的思想共鸣点、情感出发点、理论渴望点和学习困惑点，推进教学方法和教学方式的双重创新。高校思想政治理论课教师要充分利用现代教学方法，综合运用研究式、辩论式和实践式等教学方法，把历史观、价值观、国情观和现实观等有机融合在课堂教学实践中，积极调动广大大学生学习思想政治理论课的兴趣和热情。

教师要善于运用互联网和大数据等，不断拓展线上和线下教育的渠道，丰富教育载体，将传统教育方式与信息技术高度融合，建设触手可及的网络教育空间，增强高校思想政治理论课的时代感和吸引力，促使学生真正学有所思、学有所获。

（三）自强

切实推进高校思想政治理论课教师的队伍建设，真正让高校思想政治理论课教学“强”起来，这就要求高校思想政治理论课教师自身必须强起来。思想政治理论课教师是高校教师队伍中的一支重要力量，是高校思想政治理论课教学目标和教学效果实现优化目标的人才保障，是马克思主义理论知识的传授者、信仰的引领者，以及思想疑惑的解答者，是党的最新理论思想、方针政策的宣讲者，是大学生健康成长的指导者和引路人。

教师队伍的强大和素质的提升，对高校思想政治理论课教学质量的提高起着至关重要的作用。因此，高校思想政治理论课教师队伍应当具备过硬的马克思主义理论素养，以坚定的政治立场、高尚的师德师风和娴熟的育德能力严格要求自己。各高校要以新时代教育的指导思想为引领，打造一支“又红又专”的思想政治理论课教师队伍，注重汇聚一流的人才资源，形成马克思主义理论学科可持续发展的澎湃动力，实现高校思想政治理论课教学的“强效”目标。

第二节 高校思想政治理论课概述

一、思想政治理论课教学方法的概念

关于思想政治理论课教学方法的定义，早在思想政治理论课还叫“两课”时，就有学者指出，“两课”教学法（此处的教学法指教学方法）是指“两课”教师在“两课”教学过程中，为完成好“两课”教学任务而采取的对大学生进行世界观、人生观、价值观、政治观、道德观教育的各种教学方式和手段。“两课”教学活动是教与学的双向交流活动。“两课”教学活动中采用的各种方式和手段，既是“两课”教师的创造性活动，又是学生接受教育过程的活动。这一定义虽然强调了“教”与“学”两个方面，但其主干内容重点在于强调教师在教学方法中的主体作用，定义没有完全体现对教学规律的遵循，将“两课”教学活动概括为“五观”教育也有一定的局限性，没有完全体现课程教学的特征。

“05 方案”出台后，有学者总结，高校思想政治理论课教学方法是在教学过程中，教师和学生为实现高校思想政治理论课教学目的，完成高校思想政治理论课教学任务，所采用的教和学的方式或手段的总称。这一定义相对而言较为科学，强调了师生在教学方法中的共同作用，从课程的角度来概括教学目的与任务显得较为全面，但也没有完全体现对教学规律的遵循。

综合上述教学方法与思想政治理论课教学方法的定义及思想政治理论课的特征，将思想政治理论课教学方法定义为：在思想政治教学活动中，师生遵循一定的教学理念，为完成思想政治理论课任务，所采取的组合式教学方式、手段与策略，包括以下四个方面的内容。

第一，体现对教学规律的遵循。一种教学方法无论是好是坏，都是在一定的教学理念指导之下形成的，理念可能有落后与先进之分，但都可以是教学方法形成的指引。对于一种教学方法，在其形成与实践过程中，实践者一般都会认为其理念与教学规律相符。

第二，体现在教学活动中完成课程任务的观点。教学活动围绕教学内容展开，目的是实现教书育人，但一定要体现教学内容的中心作用，只有教师和学生都以教学内容为媒介发生相互作用，才可以称得上是教学活动，教师在教学活动中所使用的方法才能称得上是教学方法。

第三，体现思想政治理论课的性质。特别指出教学方法，是为了完成思想政治理论课任务，明确了思想政治理论课性质对教学方法的决定作用，不是任何方法都可以用于思想政治理论课教学的，思想政治理论课教学方法要符合课程的性质、目标要求与教学规律。

第四，体现师生的共同作用。思想政治理论课教学方法不能仅仅强调教师的“教”，而且要强调学生的“学”，是师生在双向交流过程中形成的结果。同样，思想政治理论课教学方法具有单个独立性，是一种组合式的教学方式、手段与策略。它也具有多样性和动态发展性的特点，但它带有明显的思想政治教育烙印，有自身的发展要求。

二、高校思想政治理论课的内容

2005 年，《中共中央宣传部 教育部关于进一步加强和改进高等学校思想政治理论课的意见》提出具体实施方案，并明确规定了各门课程的基本内容。

马克思主义基本原理，着重讲授马克思主义的世界观和方法论，帮助学生从整体上把握马克思主义，正确认识人类社会发展的基本规律。

毛泽东思想、邓小平理论和“三个代表”重要思想概论，着重讲授中国共产党把马克思主义基本原理与中国实际相结合的历史进程，充分反映马克思主义中国化的三大理论成果，帮助学生系统掌握毛泽东思想、邓小平理论和“三个代表”重要思想的基本原理，坚定在党的领导下走中国特色社会主义道路的理想信念。

中国近现代史纲要，主要讲授中国近代以来抵御外来侵略争取民族独立、推翻反动统治、实现人民解放的历史，帮助学生了解国史、国情，深刻领会历史和人民是怎样选择了马克思主义，选择了中国共产党，选择了社会主义道路。

思想道德修养与法律基础，主要进行社会主义道德教育和法制教育，帮助学生增强社会主义法制观念，提高思想道德素质，解决成长成才过程中遇到的实际问题。

与思想政治理论课“98 方案”相比，“05 方案”进行了四个方面的调整，更好地反映了新阶段我国社会改革与发展的新形势对高校思想政治理论课提出的新任务。

第一，“05 方案”把“马克思主义哲学原理”和“马克思主义政治经济学原理”调整为“马克思主义基本原理概论”，并加入了科学社会主义的有关内容，构建了一个新的理论体系。

第二，由于党的十六大已经确立了“三个代表”重要思想的理论指导地位，“05 方案”在对“98 方案”中分设的“毛泽东思想概论”和“邓小平理论概论”课程进行调整的基础上，将“三个代表”重要思想纳入高校思想政治理论课内容体系，形成了“毛泽东思想、邓小平理论和‘三个代表’重要思想概论”这一门新的课程，体现了“三个代表”重要思想同毛泽东思想、邓小平理论之间一脉相承的内在联系，在课程中突出了马克思主义中国化的中心内容。

第三，“05 方案”增加了“中国近现代史纲要”新课程。这一调整明显吸收了“85 方案”中注重社会历史发展教育和“98 方案”中注重理论发展教育的长处，实现了中国近现代社会发展和马克思主义中国化理论发展的统一，构成了较为全面的历史教育内容体系。

第四，“05 方案”把“98 方案”中的“思想道德修养”与“法律基础”课合并为“思想道德修养与法律基础”课，突出了“依法治国”和“以德治国”理念的要求与结合。

2012 年 11 月，党的十八大召开，确立科学发展观为中国共产党必须长期坚持的指导思想，并写入党章。2013 年 2 月，教育部社科司发出关于《高校思想政治理论课贯彻党的十八大精神教学建议》的通知，推动党的十八大精神进教材、进课堂、进学生头脑，将党的十八大提出的一系列新思想、新观点、新论断具体融入高校思想政治理论课教学内容。2017 年 10 月，党的十九大将习近平新时代中国特色社会主义思想写入党章。习近平新时代中国特色社会主义思想是对马克思列宁主义、毛泽东思想、邓小平理论、“三个代表”重要思想、科学发展观的继承和发展，是中国特色社会主义理论体系的重要组成部分。同年底，中共中央宣传部、教育部开始组织专家、学者对高校思想政治理论课教材进行全面的修订工作，把习近平新时代中国特色社会主义思想作为马克思主义最新理论成果有机融入高校思想政治理论课教学体系。高校思想政治理论课教学内容在新时代、新阶段不断发展和完善。

三、高校思想政治理论课的作用

思想政治理论课具有思想教育、政治教育、道德教育，以及法制教育等多项功能，能够引导大学生确立正确的政治方向，是培养大学生科学思维方式的重要手段，其建设水平也是促进学科稳步发展的重要推动力。重视思想政治理论课的地位和作用，是大学生身心健康成长的有力保障。

（一）赋予大学生智慧

坚持正确的政治方向，就是要充分发挥思想政治理论课的政治导向作用，用马克思主义的理论观点指引大学生的思想和行为，引导大学生支持社会主义道路，拥护党的领导，从而避免大学生走向歧途。

随着西方文化思潮的不断涌入，西方的一些“普世价值”“人权至上”等观念对大学生产生了强烈的冲击。一些西方国家企图利用互联网的无国界性和信息传播的优势，通过网络渠道鼓吹西方的民主自由思想，大力宣传资本主义的人生观和价值观。大学生涉世未深，对政治问题的认识还不够深刻。大学生是国家发展的希望，是国家的未来。从一定程度上说，大学生要具有坚定的政治方向，这也关系到党和国家的前途与命运。因此，坚持培养具有坚定的政治意志的大学生是历史赋予高等学校的使命，也是衡量高校思想政治教育事业是否成功的关键。

（二）促进大学生知行合一

要培养大学生科学的思维方式，就要引导大学生学习思想政治理论课知识，使其从“他知”到“自知”。同时，经过头脑的加工和整合，使思想政治理论课的知识达到“内化于心、外化于行”的结果。

思想政治理论课的教学目标和教学方案的制定不仅要注重“知”的研习，更要注重达到“行”的效果。要准确把握“知”与“行”的关系，避免知行分离。首先，要使学生“真听”。通过教师深入浅出的讲解，使学生从入耳到入脑。其次，要使学生“真信”。教学内容要融合时代特色，并贴近学生的实际生活，使学生从入脑到入心。最后，要使学生“真行”。教师要通过碰撞、交流、沟通等方式，在交往互动中使学生充分吸收思想政治理论课的学习内容，提升自身的理论素养，并最终转化为实际行动，达到知行统一的德育目标。

思想政治理论课的目标是要贴近学生的生活世界，切入学生的经验系统，进而唤醒学生的自律动机，培养学生“知行合一”的思想，使学生在“行”的过程中达到“知”的升华。

（三）推动学科稳步发展

要推动学科的稳步发展，就是要凝练学科方法、凝聚学科队伍、凝筑学科高地，努力建设具有马克思主义中国化的新成果，探索出思想政治教育实践的新的经验，不断提高大学生思想政治教育的科学化水平，最终实现思想政治教学科学发展与思想政治理论课课程建设之间的良性互动。

思想政治教育学科建设是思想政治理论课课程建设的基石，学科建设的精品成果能够及时转化为课程建设的成果。目前，思想政治教育学科发展主要存在如下问题：其一，在科学研究方面，科研项目及科研经费支撑不足。其二，在教师队伍建设方面，教师队伍缺乏专业性。其三，从高校自身的角度看，高校对思想政治教育工作的重视程度不足，执行力度不够。这些都会影响高校思想政治理论课课程建设的深度和水平。

因此，要搞好思想政治理论课课程建设，必须最终落脚到思想政治理论课学科建设上来。只有如此，才能不断夯实思想政治教育学科建设的薄弱环节，不断提高大学生思想政治教育的科学化水平。

四、高校思想政治理论课设置的目的

思想政治的目标就是思想政治理论课的目标指向，它是思想政治理论课的出发点和归宿点。思想政治理论课的观念形态和思想意识形式，反映着社会发展对受教育者思想成长的客观要求。使用科学灵活的方法，把先进的理论、健康的文化传递给思想政治教育的对象，达到调动人的积极性、启发人的自觉性、激发人的创造性、实现社会和个人全面协调和发展的目的。

第三节 高校思想政治理论课的价值与意义

高校思想政治理论课要解决的根本问题是“培养什么人、怎样培养人、为谁培养人”，价值性和知识性是内含于思想政治理论课中的两种基本属性。

一、价值引导是高校思想政治理论课的重点

（一）价值性是高校思想政治理论课的根本属性

高校思想政治理论课的价值性，指思想政治理论课所具有的价值引领的特性，集中体现在它的意识形态性方面。高校思想政治理论课能够帮助学生塑造世界观和价值观，帮助学生在成长的过程中坚定信仰、信念和信心，对中华民族伟大复兴的目标充满信心，使作为社会主义接班人的学生能够自觉肩负起时代赋予的使命和担当。

（二）引领学生树立马克思主义信仰

坚持和发展马克思主义，将其作为一种信仰，这种信仰是行为原则、是理想追求、是价值目标。高校思想政治理论课承担着对大学生进行系统的马克思主义理论教育的任务，它的功能就是要巩固马克思主义在意识形态中的指导地位。随着时代的发展，马克思主义取得了更多的成果，高校思想政治理论课不仅要不断更新知识，跟上时代发展的步伐，而且要能够引起学生的学习兴趣，使学生能够领略到马克思主义的魅力，帮助学生牢固树立马克思主义信仰。

（三）引领学生坚定中国特色社会主义信念

高校思想政治理论课教师要讲清楚习近平新时代中国特色社会主义思想的核心要义，指导学生深刻领悟“两个确立”的决定性意义，增强“四个意识”、坚定“四个自信”、做到“两个维护”，把全面推进习近平新时代中国特色社会主义思想和党的二十大精神作为首要任务和持续推进的重大工程。

（四）引领学生厚植中华民族伟大复兴中国梦的信心

中华人民共和国取得的辉煌成就，靠的是中国共产党的引领。建党百年来，中国共产党依靠确立、坚守、践行、传承初心和使命，带领中国人民不断取得革命、建设和改革事业的伟大胜利。在教学中，高校思想政治论课教师要使学生充分认识到实现中华民族伟大复兴是一项光荣而艰巨的事业，需要一代又一代中国人共同为之努力；要让大学生懂得社会主义核心价值观既是中国梦的灵魂，又是引领大学生实现中国梦不可或缺的力量源泉，是大学生追梦和圆梦的精神支柱，积极引领大学生通过不断提高自身的综合素质实现中国梦。

二、知识传授是高校思想政治理论课的基础

（一）知识性是高校思想政治理论课的基本属性

高校思想政治理论课的知识性指其知识传授的性质，而思想政治理论课的核心内容就是马克思主义科学理论。高校思想政治理论课教师将自身储备的知识理论化、系统化、科学化地向学生传授，并通过知识的传授引发学生对于马克思主义的兴趣，使学生乐学、好学、勤学，为学生的成长、成才奠定坚实的理论基础。

（二）推进高校思想政治理论课科学化知识的传授

高校思想政治理论课传授的是科学知识，作为教授马克思主义的课程，高校思想政治理论课的教学内容必须是科学的、符合客观规律和实际的。当代大学生崇尚科学、追求真理、乐于思辨，高校思想政治理论课教师应该抓住学生的这个思想特点，让学生对

理论进行科学的论证，使学生能够在思辨中探求真理，只有这样，学生才能够信服。马克思主义本身是经过多门学科的科学理论论证和实践检验了的，尤其是马克思主义基本原理早已超越了时代的变迁，至今仍闪耀着真理的光芒，仍然具有理论和现实的指导意义。

（三）推进高校思想政治理论课理论化知识的传授

高校思想政治理论课传授的是理论知识，高校教师要在教学中加重理论化内容的分量，拓展理论化内涵的容量，提高马克思主义中国化最新理论成果的增量，让学生能够充分理解马克思列宁主义、毛泽东思想、邓小平理论、“三个代表”重要思想、科学发展观和习近平新时代中国特色社会主义思想之间的联系与发展关系，帮助学生学会认识、把握自然界和人类社会的一般规律，理解和掌握中国革命建设和改革发展的理论、历史及现实维度，学习和贯彻新发展理念，使学生悟懂、悟通、悟透道理，坚定“四个自信”。

（四）推进高校思想政治理论课系统化知识的传授

高校思想政治理论课传授的是系统知识，它虽然体现为开设多门不同的课程，但其整体是一个具有逻辑性和专门化的知识体系。高校思想政治理论课要将“碎片化”的教学建构成“系统化”的知识，将“系统化”知识的骨肉框架和核心精髓一点一滴地融入教学之中，使学生在头脑中形成系统的知识框架，学会辩证地、理性地分析问题，通过长期学习和实践，提高理论联系实际的能力。

三、上好思想政治理论课要注重价值性与知识性相统一

（一）价值性与知识性在教育活动中不可分割

知识是人们在认识世界和改造世界过程中形成的有益成果，它以客观的形式呈现于人类文明发展的进程之中。价值是反映主体与客体关系的范畴，是客体对主体需要的满足，体现主体对客体的态度和价值观念。正因为知识和价值对于主体具有不同的意义，有哲学家把两者区分开来，把知识视为一种事实材料，而把价值看成一种主观判断，把

价值从知识中抽离开来，构成知识与价值的分离。但是，这种分离即使在纯粹的科学研究中也是不存在的，“价值中立”本身代表着一种科学的价值观，“科学无国界，科学家有祖国”，这是科学研究中知识性与价值性关系的一种真实写照。

知识和价值的不可分割性在教育活动中表现得更为明显，因为教育活动从本质上说，就是上一代人把自己认为有价值的知识传递给下一代的社会实践活动，教育活动中使用的知识材料，都是经过一代又一代教育工作者反复精心挑选的知识材料，带有教育者主观的痕迹。因此，在教育活动中，价值的问题不可避免，如何按照教育者的价值目标和要求，培养符合教育者需要的人才，就成为教育活动的基本价值目标。

从教育的一般规律来看，任何国家、任何社会，其维护政治统治、维系社会稳定的基本途径无一不是通过教育来实现的，即通过知识教育实现价值教育的目标。从社会主义教育的特殊规律来看，我国是中国共产党领导的社会主义国家，这就决定了我们的教育必须把培养社会主义建设者和接班人作为根本任务，培养拥护中国共产党领导和社会主义制度，为中国特色社会主义奋斗终生的有用人才。因此，从教育的一般规律和我国社会主义教育的特殊规律角度，充分论证了教育过程中知识性与价值性的辩证关系。因此，不能脱离价值性孤立地谈知识性，也不可能只强调知识性而忽视价值性，在教育活动中它们具有不可分割的关系。

（二）思想政治理论课是价值性与知识性相统一的课程

思想政治理论课是具有鲜明价值性的课程。从思想政治理论课的设置来看，中华人民共和国成立初期，我国把在各级各类学校开设一定的思想政治理论课，作为体现社会主义学校的根本特征和区分其他类型学校的根本标志之一的重要举措。在学校开设思想政治理论课，不仅意味着教育主权的回归，还体现了新教育的性质，具有明确的价值属性。从思想政治理论课的功能上看，改革开放以后，中央和教育部关于思想政治理论课的若干文件都明确规定，思想政治理论课是每位学生的必修课，是帮助学生树立正确世界观、人生观和价值观的重要途径，体现了社会主义大学的本质要求。

2018 年，教育部颁发的《新时代高校思想政治理论课教学工作基本要求》指出，思想政治理论课承担着对大学生进行系统的马克思主义理论教育的任务，是巩固马克思主义在高校意识形态领域的指导地位、坚持社会主义办学方向的重要阵地，是全面贯彻党的教育方针、落实立德树人根本任务的主干渠道和核心课程，是加强和改进高校思想政治工作、实现高等教育内涵式发展的灵魂课程。这进一步明确了思想政治理论课的功能，即巩固马克思主义在意识形态领域指导地位的重要阵地，是坚持社会主义大学办学方向的重要体现，是培养学生世界观、人生观和价值观的核心课程，是加强和改进思想政治工作的主渠道、主阵地。因此，习近平总书记在学校思想政治理论课教师座谈会上指出："思想政治理论课是落实立德树人根本任务的关键课程。"从思想政治理论课课程目标和任务来看，思想政治理论课就是要开展马克思主义理论教育，用习近平新时代中国特色社会主义思想铸魂育人，引导学生增强中国特色社会主义道路自信、理论自信、制度自信、文化自信，厚植爱国主义情怀，把爱国情、强国志、报国行自觉融入坚持和发展中国特色社会主义、建设社会主义强国、实现中华民族伟大复兴的奋斗之中。因此，思想政治理论课与其他课程相比，更具有价值性，是价值性特点十分鲜明的课程。

思想政治理论课又是具有深刻知识性的课程。思想政治理论课教学的核心内容是马克思主义科学理论，能够为学生的一生成长奠定坚实的理论基础。马克思主义是一门科学，它揭示了人类社会，特别是资本主义产生、发展，以及必然为社会主义所替代的规律性，具有无可辩驳的科学性。恩格斯指出："社会主义自从成为科学以来，就要求人们把它当作科学来对待，要求人们去研究它。"在纪念马克思诞辰200周年大会上，习近平总书记指出："马克思主义主要由哲学、政治经济学、科学社会主义三大组成部分构成。这三大组成部分分别来源于德国古典哲学、英国古典政治经济学、法国空想社会主义，然而，最终升华为马克思主义的根本原因，是马克思对所处的时代和世界的深入考察，是马克思对人类社会发展规律的深刻把握。"马克思主义作为一种系统科学理论，不可能通过渗透在其他课程中的方式来实现，必须通过专门的课程才能完整准确地实现。

改革开放以后，思想政治理论课建设逐渐提升到学科高度，马克思主义科学理论通过马克思主义理论学科的系统化、体系化和专门化，形成了包括马克思主义基本原理、马克思主义发展史、马克思主义中国化、马克思主义在国外发展、中国近现代历史发展和思想政治教育等内容的具有整体性和专门知识的学科体系、教学体系和话语体系，为思想政治理论课的教学发展提供了深厚的学科支撑，提升了思想政治理论课的思想性、理论性和知识性。因此，思想政治理论课的政治性、思想性、学术性和专业性是紧密联系在一起的，其学术深度、广度和学术含金量不亚于任何一门哲学社会科学。思想政治理论课是价值性与知识性相统一特征明显的课程。

（三）寓价值观引导于知识传授之中

思想政治理论课的价值性与知识性相统一的特点，从内在规律性的角度要求在思想政治理论课教学中，把思想政治理论课的价值性与知识性结合起来，寓价值观引导于知识传授之中。

一是思想政治理论课教学重在塑造价值观。思想政治理论课教学虽然以马克思主义基本理论、马克思主义中国化创新成果、中国近现代史基本问题、思想道德修养和法律基础等知识为课堂教授内容，但思想政治理论课教学并不能停留在知识传授这个层面上，必须在教授知识的基础上，不断提升学生的思想政治素质，帮助学生形成正确的世界观、人生观和价值观。思想政治理论课教学虽然以思想政治理论知识作为载体和素材，但在教学过程中，存在着多重教育规律的叠加效应，思想政治理论课教学既要遵循一般教育教学规律，即进行马克思主义理论科学知识的传授和教育，又要遵循思想政治教育自身的规律，也就是帮助学生树立马克思主义的立场观点和方法，更要把马克思主义科学理论转化为改造客观世界和主观世界的思想武器，转化为学生内在的价值观。从这个意义上说，只有学生真正把在思想政治理论课中学习的科学理论转化为自身运用的思想武器，才能达到思想政治理论课教学的目标要求。

二是价值观塑造要以知识作为载体。思想政治理论课重在塑造学生的价值观，或者说以培养学生的科学的世界观、人生观、价值观为目标，而不是把思想政治理论课变成价值说教。价值说教是一种只提出价值要求，而不提供知识材料的教育活动，它与思想政治理论课的根本区别在于，思想政治理论课教学活动是通过开展马克思主义理论这一科学理论和系统知识教育来培养学生的价值观。通过知识形成价值，用马克思主义理论学科和相关学科的科学知识支撑思想政治理论课建设，是改革开放以后思想政治理论课建设的基本经验。马克思主义理论学科的设立和建设的充分展开，提升了思想政治理论课教学的知识性，要充分利用党的思想理论创新的最新成果、马克思主义理论学科建设的最新成果、中国特色社会主义实践的最新成果支撑思想政治理论课教学，提升思想政治理论课的知识性，用理论或者学科的知识回应党在意识形态方面的要求。

三是实现价值教育与知识教育的结合。实现价值教育与知识教育的目标，寓价值观于知识教育之中，一方面，要强调思想政治理论课教学的知识性，用科学和学科的力量回应意识形态的要求，通过系统科学的知识，帮助学生建构世界观、人生观和价值观。另一方面，不能只强调知识性，不能为了应付考试而让学生死记硬背知识点，忽视对学生的价值引导。在两者结合方面，习近平总书记在学校思想政治理论课教师座谈会上的讲话，为思想政治理论课与其他课程实现知识性与价值性的结合提供了指导和示范。在讲授中国历史时，要注意引导学生传承民族气节、崇尚英雄气概，引导学生学习英雄、铭记英雄，自觉反对那些数典忘祖、妄自菲薄的历史虚无主义和文化虚无主义，自觉提升境界、涵养气概、激励担当，这就是把价值性融入知识性之中，实现价值性与知识性的结合，为实现融入式、嵌入式、渗透式的思想政治教育新模式指明了方向和路径。

第四节 思想政治理论课教学现状

改革开放以来，各高校紧紧围绕培养社会主义事业的合格建设者和可靠接班人这一根本任务，锐意改革，开拓创新，不断进行高校思想政治理论课教学改革，取得了巨大的成效，但我国一些高校的思想政治理论课的教学过程中还存在着亟待解决的问题。

一、教育教学模式单一

（一）授课模式单一，无法充分满足学生的认知需求

目前，很多高校实施的思想政治理论课教学活动是以大班教学的形式来进行的，主要是将几个班级或者一个院系的学生集中在阶梯教室中进行授课。与小班课教学相比，虽然大班教学在一定程度上节省了人力、物力和财力，但也存在很多弊端。首先，忽视了学生间的差异性，授课的内容与进度呈现“一刀切”的现象，这就导致一部分学生很难在课堂上吸收教学内容。其次，由于一起上课的学生数量过多，师生互动的环节是无

法充分实施的，教师只能采取理论灌输的方式，授课形式较单一，难以吸引学生的注意力。最后，上课人数过多增加了课堂管理的难度，不少学生在课堂上做其他事，影响了周围认真听课的学生。

为了更好地了解目前高校思想政治理论课教育教学的现状，我们在某高校进行了调查。调查发现，在思想政治理论课的教学方式上，仅有5%的受访学生表示喜欢“传递一接受”的教学方式，可见这种传统的教学方式已不能让大多数学生认可。有的教师尝试着把多媒体技术运用到教学环节，但调查发现，多媒体的运用并没有得到期望的效果，课件中的内容几乎是课本的复述，缺乏吸引力。

此外，一些受访学生表示，思想政治理论课应该用理论去分析社会实际，去消解学生对某些社会事件的误读。但在授课过程中，大多数教师只是照本宣科，就理论来论证理论，没有联系实际，没有解答学生的疑惑。对学生的这种质疑，有受访教师表示此属无奈，因为思想政治理论课内容多、课时少、教学资源相对缺乏，只能采取单一的“传递一接受”的授课模式。

（二）实践教学不足，无法充分体现课程的特色

从某种意义上讲，思想政治理论课是大学生社会生活实践的指导课程，因此该课程具有较强的实践性。《中共中央宣传部 教育部关于进一步加强和改进高等学校思想政治理论课的意见》中明确指出，在高等学校思想政治理论课中的所有课程都要加强实践环节，都要通过形式多样的实践活动提高学生思想政治素质和观察分析社会的能力，进而提高教学的效果。

目前，实践教学效果并不理想。在实际教学过程中，实践教学所占的比例很小，且形式大于内容。由于近年来的高校扩招，师生比进一步拉大，组织学生进行社会实践的难度和风险较高，加上教学经费和教学时间上的限制、学校和教师对实践中学生安全的顾虑等的影响，实践教学难以尽如人意。

此外，对于“马克思主义基本原理概论”这样的课程，其理论性很强，对于这些重大理论的理解和把握难以通过社会实践的形式教授，师生对社会实践的积极性自然不高。所谓的“实践教学”仅仅是教师利用现有资源，在课堂上组织学生观看纪录片，然后讨论，或者在校内调查、教师布置学生写小论文，而真正让学生深入社会实践的活动几乎

没有；学生的社会实践虽然有志愿服务等形式，但是没有系统化，多是各自为战，与高校思想政治理论课的联系不甚紧密，主题也不突出。

（三）考核方式不科学，无法充分体现课程的宗旨

在对思想政治理论课进行考核的方式中，大多数学生表示更愿意接受开卷考试的方式，认为开卷考试更能将理论与实际结合起来，体现出学生的整体素质，而很少有学生愿意进行闭卷考试。但目前，在思想政治理论课的考核方式上，很多高校采取的是期末进行一次闭卷考试的形式。

不能否认，传统的闭卷考试方式有自己的优点，其具有统一的检验标准，能够保证学生考试成绩的公平性，易于量化和操作，便于检验学生对思想政治理论的掌握程度，引导学生注重理论功底，等等。但我们也应看到闭卷考试存在的弊端，即考试内容基本上是书本中的知识点，主要反映的是学生记忆力的强弱及应试能力，而很少能够反映学生运用理论分析和解决实际问题的能力及水平。考试本应具有检查教学质量、激励学生学习的积极性、检查学生的学习质量等功能，但由于目前大多数高校考核方式的单一性，使得许多学生将思想政治理论课当成纯粹的文科课程，多采用考前突击的方式进行备考，考试过后就遗忘了。学生在平时的学习中缺乏应有的积极性和自觉性，使得高校思想政治理论课很难做到入耳、入脑、入心，难以实现课程的开设宗旨。

二、学生积极性不高

思想政治理论课教育的主体是学生，如果学生没有很高的积极性，思想政治理论课的实效性就很难得到保障。很多学生认为，思想政治理论课在内容上比较空洞，缺乏现实性，上与不上是一样的，学生对思想政治理论课的这种认识，极大地影响了高校思想政治理论课的实效性。因此，下列问题在学生中是普遍存在的。

（一）课堂表现差

经过长时间的教学观察，我们发现，新生经过军训和入学教育后，刚开始时的组织纪律性还比较强，都能按时上课，很少有缺课的情况发生，在课堂上他们也能遵守纪律。

但是好景不长，虽然他们也来上课，可学生的“抬头率”“入脑率”却不高，遇到感兴趣的方面就听几句，遇到不感兴趣的内容就会出现各种开小差的情况。

（二）出勤率低

在学生中，不同程度地出现了逃课现象。关于思想政治理论课的出勤率问题，调查结果显示，在被调查的班级中，仅有20%的班级出勤率达到了80%以上，有42%的班级出勤率低于50%，有38%的班级出勤率保持在50%～80%。调查的结果还显示出，随着年级、专业的变化，思想政治理论课的学生出勤率逐渐下降。在出勤率上，理工科班级比文史科班级低，文艺科班级比理工科班级低，新兴学科班级比传统学科班级低，高年级比低年级低。思想政治理论课的学生到课率普遍不高，尤其是近年来的到课率呈不断下降的趋势。

并且，学生课堂表现与教师积极性的相互作用形成了恶性循环，即学生课堂表现差导致教师的积极性受损、课程质量下降，进而导致学生对思想政治理论课更加缺乏兴趣。有受访学生表示，导致上述现象的原因，一方面，大班教学忽视了学生的差异性，一位教师面对上百名学生，教授方式多为理论灌输，而不同专业学生的理论基础不同，这就产生了矛盾，导致不少学生上课开小差。另一方面，与专业、班风有关，如果班级里的学生大多好学，有几个捣乱的学生也难成气候，但是如果班级里绝大部分学生都厌学，那么即使想认真学习的学生也难以静下心来听课。

（三）考前突击

在思想政治理论课的备考方式上，临时抱佛脚式的考前突击是大多数学生的选择。在调查中，有学生表示，之所以在考试前进行突击备考，主要是因为思想政治理论课与专业课相比，处于次要的地位。尽管平时的课程比较紧、内容较多，但是教师的考核评价标准还是比较低的。此外，如果在考前打印教师的课件，加上有些同学整理的知识要点，最终需要重点记忆的内容仅几页纸就可容纳，背起来也很方便。特别是对于一些开卷考试的课程，学生感觉更为简单。

第五节 高校思想政治理论课的新发展

一、全球思想政治教育大环境出现新变化

（一）社会文化多元化

社会文化多元化是在多元文化的基础上产生的。多元文化指在一个民族、社会或国家中存在的多种文化的总称。关于文化多元化，北京语言大学教授李庆本在《中国文化研究》上发表的文章《全球一体化与文化多元化》中指出："它不仅仅是指在全球范围内不同民族文化的共存共荣，而且它也意味着在某一单一民族国家中的传统文化对其他民族文化的宽容，以及必要时的吸收。"由此可见，社会文化多元化强调的是在社会发展的过程中，一方面是多种文化共存，另一方面是在继承本民族优秀文化的基础上，还要兼收并蓄其他国家或民族的优秀文化。

随着经济全球化的不断发展，世界各国激烈争夺话语权，文化多元化已然成为趋势。我国幅员辽阔，民族众多，天然具备文化多元化的社会基础，再加上国家的改革开放政策，各种文化思潮涌进，人们的思想得到进一步解放，不同思想文化交流、交融、交锋，使得社会文化多元化的走向更加明显。社会文化多元化对塑造国民现代性、增加主体意识，以及全面提升全人素养有着积极而深刻的作用。但是，社会文化多元化也带来一系列的问题，民族文化传统和意识形态安全受到了挑战，一些人的国家观念淡薄、价值选择困惑，享乐主义、拜金主义等腐朽消极文化沉渣泛起，文化自觉、文化自信和文化自强依然任重而道远。

（二）新媒体与大数据时代来临

随着信息技术的不断发展、社交网络的广泛普及、数据信息的几何式爆炸增长，以及人工智能的持续深入发展，人类已经进入一个全新的信息时代，即新媒体与大数据时代。这个全新时代不仅引发了信息技术领域的革命，而且给当前社会各个领域带来了深

刻的变革。

一方面，造就了万物皆“媒”的大环境。微信、微博、微视频、在线直播等新媒体平台的广泛应用，不仅催生了新的信息传播模式，使每个用户都成为信息的传播中心，而且变革了人类与信息之间的关系。信息传播内容碎片化、海量化，信息传播方式多样化、交互化，信息传播时空即时化、虚拟化，信息传播效果智能化、社交化，成为新媒体环境下社会传播现实的真实写照。媒介的泛化，促使受众从以往信息的被动接受者和消费者，转变为主动运用媒介平台进行信息内容生产和信息传播的实践者。

另一方面，引发了思维方式的变革。大数据思维正逐渐成为人们看待生活、生产、工作的价值观和方法论，浩瀚的数据为人类提供了具有前瞻性和预估性的信息和情报。通过对数据进行整合与分析，能够精准分析出各种行为之间的相互关系，从而预测用户的需求。这种隐性的思维逻辑借助移动互联技术，彻底颠覆了原有的沟通方式，不仅有效提高了沟通效率，而且大大降低了沟通成本，已经对人类生活、社会经济和政治发展产生了深刻的影响。

二、开放性教学

在经济全球化的时代背景下，为了进一步增强思想政治理论课教学的针对性和实效性，经过多年的探索和创新，构建了“以学生为本”的高校思想政治理论课开放性教学新模式。

（一）高校思想政治理论课开放性教学的基本内容

高校思想政治理论课开放性教学的内容十分丰富，它是由开放性教学诸方面、开放性教学诸环节和开放性教学诸环境等要素构成的有机整体。思想政治理论课开放式教学的基本内容包括以下三个层面。

1.思想政治理论课教学诸方面的开放性

思想政治理论课教学诸方面的开放性，主要包括三个方面的内容。

第一，教学主体的开放性。教学主体有指导主体与学习主体两个方面。教师是指导主体，学生是学习主体。传统的封闭式教学模式片面地强调教师的主体性，忽视了学生的主体性，抑制了学生学习的积极性、主动性和创造性。“以学生为本”的开放式教学模式则承认教师与学生的双重主体性，并认为学生的主体地位更为基础，把教师的主导作用与学生的主体作用有机结合起来，有利于提高学生学习的积极性、主动性和创造性。

第二，教学内容的开放性。在传统的封闭式教学模式里，思想政治理论课的教学内容僵化，不能与时代同步发展，理论往往落后于实践，致使教学内容缺乏时代感和现实针对性。开放式教学模式要求教学内容必须面向现代化、面向世界、面向未来，紧密关注国内外形势和党的方针政策的新变化，及时吸收马克思主义中国化的最新理论成果，使教学内容具有时代感和现实性。

第三，教学形式的开放性。传统的封闭型教学模式通常采用单一的课堂讲授教学形式，缺乏吸引力和感染力。开放性教学模式要求课堂教学与实践教学相结合、校内主课堂与校外第二课堂相结合、“请进来”与“走出去”相结合、教师讲授与学生发言相结合，采取灵活多样的教学方法和现代化教学手段，有利于增强教学的吸引力和感染力。

2.思想政治理论课教学诸环节的开放性

思想政治理论课教学诸环节的开放性，主要表现在以下五个方面。

第一，教学准备的开放性。传统的教学模式由主讲教师单方面进行教学准备，教学计划、教学大纲很难充分反映学生的实际情况。实施开放性教学后，要求教师采取问卷调查和座谈会等形式，了解学生的实际情况与学习要求，让学生代表参与教学计划的制订。

第二，教学过程的开放性。鼓励学生提问、发言、演讲或参与辩论，提高学生参与教学过程的主动性和创造性。

第三，教学管理的开放性。吸收学生参与教学管理，形成以学生自我管理为基础，教务部门、学生工作部门、思想政治理论课教学部门齐抓共管的综合管理体系。

第四，考核考试的开放性。建立教师考核与学生自我考核相结合、期末考核与平时考核相结合、理论考试与实践考核相结合、知识考试与能力考核相结合、闭卷考试与开卷考试相结合的综合考核体系。

第五，教学评价的开放性。建立教师自我评价、专家评价、学生评价和社会评价“四结合”的评价体系，以全面评价思想政治理论课教师的教学质量和教学效果。

3.思想政治理论课教学诸环境的开放性

开放性教学模式是一个开放性系统，必须创建良好的环境，才能增强思想政治理论课的实效性。

第一，要创建一个和谐的国际关系与和谐的国内社会环境，克服各种不和谐的因素，为思想政治理论课教学提供良好的社会氛围。

第二，要创建一个健康的校园文化环境，加强社会主义核心价值体系的宣传，以科学的理论武装人，以正确的舆论引导人，以高尚的精神塑造人，以优秀的作品鼓舞人，为思想政治理论课教学创造健康的校园文化氛围。

第三，要创建一个科学的制度环境。加强高校思想政治工作的制度建设，推进弹性学分制，建立有效的激励机制，保证高校思想政治理论课的健康发展。

第四，要营造良好的网络环境。要坚持社会主义核心价值体系，加强网络文化建设和管理；要积极建设思想政治理论课教学信息资源网站，多渠道开发和运用思想政治理论课教学信息资源，并坚持教学信息资源的开放性，做到教学信息资源库的共建共享。

总体来说，高校思想政治理论课的开放性教学就是由上述三大基本要素构成的有机整体，这三大基本要素之间是辩证统一、不可分割的。

（二）高校思想政治理论课开放性教学的特点

1.人本性

人本性，是相对于物本性而言的，“以人为本”强调人的价值高于物的价值。从价值论的视角来看，坚持“以人为本”，强调人的价值的至上性。马克思主义坚持以广大人民即绝大多数人为本，坚持以解放全人类、促进每一个人自由全面发展为最终目标。

高校思想政治理论课开放性教学是以马克思主义“人本论”为理论基础的，高校思想政治理论课开放性教学的“人本性”，主要体现在三个方面。

第一，体现在它把“以学生为本”作为核心理念。“以学生为本”这一理念是构建高校思想政治理论课开放性教学的理论基石，是贯穿这一教学模式的中心线索，是渗透于这一教学模式的精神灵魂，是决定这一教学模式性质的精神实质。

第二，高校思想政治理论课开放性教学的“人本性”体现为教学方法的人本性。它要求思想政治理论课教师在教学中关心学生、爱护学生、尊重学生、体贴学生、帮助学生和引导学生，而不能压制学生，更不能打骂学生、贬低学生及伤害学生。

第三，高校思想政治理论课开放性教学的“人本性”体现在教学目的上，是满足学生的精神文化需求，促进学生的全面发展。

2.科学性

“科学”与“人本”是两种不同的价值取向，科学的价值取向是求真，人本则是求善；科学属于合规律性，人本属于合目的性。高校思想政治理论课开放性教学新模式不仅具有人本性，而且具有科学性，是求善与求真的统一、合目的性与合规律性的统一。高校思想政治理论课开放性教学具有科学性，主要是因为它是以科学理论为依据、以科学实践为基础、以科学精神为指导、运用科学方法构建起来的。

第一，高校思想政治理论课开放性教学是在坚持科学立场的基础上建构起来的。科学立场即实事求是的辩证唯物主义立场，高校思想政治理论课开放性教学是建立在科学立场上的，它要求教师在思想政治理论课教学中，坚持一切从实际出发的原则，按照客观的教学规律办事，实事求是，做到“不唯书、不唯上、只唯实”。

第二，高校思想政治理论课开放性教学是以科学理论为依据的。马克思主义理论是人类历史上最科学的世界观和方法论，是追求真理、探索真理、揭示客观规律的行动指南。高校思想政治理论课开放性教学就是以马克思主义为理论基础的，马克思主义关于“以人为本”的思想是“以学生为本”这一新的教学理念的哲学基础。马克思主义既是科学的世界观，又是科学的方法论。高校思想政治理论课开放性教学就是以马克思主义为指导，运用马克思主义的科学方法论建构起来的。高校思想政治理论课开放性教学不仅以马克思主义为理论基础，而且批判地吸收了现代西方教学理论中的合理成分，如人本主义教学论、建构主义教学论等，都为思想政治理论课的开放性教学提供了科学的理论依据。

第三，高校思想政治理论课开放性教学是一个完整的科学体系。它是由“一个核心理念”和“三个基本要素”构成的，层次清楚、逻辑严密，具有系统整体性特征。离开了系统整体性，就不能成为一个科学体系。高校思想政治理论课开放性教学新模式是一个有机的整体，“一个核心理念”与“三个基本要素”有机结合、缺一不可。

第四，高校思想政治理论课开放性教学采用了科学方法。高校思想政治理论课开放性教学运用了马克思主义的科学方法论。唯物辩证法是分析问题和解决问题的科学方法论，这一教学模式正确处理了教师指导主体与学生学习主体的辩证关系、科学性与人本性的辩证关系、教学管理与人文关怀的辩证关系、校园内部环境与外部环境的辩证关系、传统教学手段与现代教学手段的辩证关系、传承科学文化与创新科学文化的辩证关系，以及传统思维方式与创新思维方式的辩证关系，充分体现了唯物辩证法的思维方法。此外，还采用了现代科学方法，如系统科学方法、创新科学方法等。

3.和谐性

科学性的价值取向是求真，人本性的价值取向是求善，和谐性的价值取向是求美。高校思想政治理论课开放性教学的科学性、人本性、和谐性等特点，体现了其价值取向的多样统一性，实现了真、善、美的有机统一。

高校思想政治理论课开放性教学具有和谐性的特点，主要体现在以下方面。

第一，教学主体的和谐。教师是“教”的主体，学生是“学”的主体。在开放性的教学过程中，师生是完全平等的，教师应坚持“以学生为本”，学生对教师十分尊重，师生之间互教互学、相互关心、相互爱护、相互帮助、相互理解，这样就形成了和谐的师生关系。只有形成和谐的主体关系，才能有效地开展开放性教学。

第二，教学内容的和谐。目前，高校思想政治理论课是“4+1”的课程体系，各门课程之间要协调统一，避免矛盾冲突，每一门课程的教学内容都要体现和谐性，各章节之间既要避免重复性，又要避免矛盾冲突。教材内容与新增教学内容要和谐统一，既要以教育为基础，又要吸收本学科研究的前沿成果，在和谐的基础上实现教学内容的创新。

第三，教学内容与教学形式之间的和谐。高校思想政治理论课的教学内容是多样的，不同的教学内容应当采取不同的教学形式。唯物辩证法认为，内容决定形式，形式为内容服务，这就要求教师根据教学内容的特点选择与之相适应的教学形式。例如，“中国近现代史纲要”课的教学内容具有历史性特点，要求教师采取历史事件专题式、历史名胜参观式等教学形式开展教学，这样可以提高学生的兴趣，增强教学效果。

第四，教学方法与手段的和谐。开放性教学的方法具有灵活性的特点，各种教学方法要做到协调统一。要做到教师讲授与学生发言的协调统一、理论教学与实践教学的协调统一、专题式讲解与研究型教学的协调统一、课堂理论教学与课外文化活动的协调统一，以及传统教学手段与现代教学手段的协调统一。通过教学方法与手段的和谐统一，增强思想政治理论课教学的吸引力和感染力，提高教学的艺术性。

第五，教学实践与教学环境之间的和谐。思想政治理论课教师要认真研究和分析国际国内形势、社会环境、校园环境、网络环境及其对大学生的思想影响，调查研究大学生和社会公众普遍关注的热点和难点问题，通过课堂教学有针对性地加以解释，加强教学的现实针对性和实效性。

三、实践教学

（一）高校思想政治理论课实践教学的基本内涵

顾名思义，实践教学应是一种教学活动，实践则是达到教学目标的途径和手段。在这一教学过程中，因为实践环节突显，学生学习的积极性和主动性被充分调动起来，学生不再是教学内容的被动接受者，而是教学活动的积极参与者。这里可以把高校思想政治理论课实践教学界定为：思想政治理论课实践教学是把理论与实际、课堂与社会、学习与研究紧密联系起来，培养学生联系实际思考问题、运用理论分析问题和自主研究解决问题等实践能力的多种教学方式的总和。

与一般的实践活动相比，尽管高校思想政治理论课实践教学具有实践活动的某些特征和形式，但在本质上不同于一般的实践活动。就目的而言，一般实践活动是改造客观世界、实现客体价值的客观活动；而思想政治理论课实践教学则是为传授马克思主义基本原理等知识，以改造主观世界为目的，又旨在优化主体的能力和素质，它是一种现实性活动。在本质上，思想政治理论课实践教学仍然是一种教学活动，只不过是一种实践化、应用化的教学活动。

对高校思想政治理论课实践教学的理解，需要强调下面几点。

第一，从形式上去理解，高校思想政治理论课实践教学可以分为狭义和广义两种。狭义的思想政治理论课实践教学是指利用社会实践等组织的教学活动。广义的思想政治理论课实践教学指的是除了理论教学之外的所有与实践有关的教学，它可以体现在课堂教学之中，也可以体现在课堂教学之外，尤其是体现在课堂教学之外。

第二，思想政治理论课实践教学是培养学生运用理论观察社会、认识社会和思考人生这一实践能力的一个环节，它与其他大学课程一样，需要科学的规划和系统的培养。作为大学生的必修课，思想政治理论课的教学目的、教学方式都必须符合教育教学规律，它的政治功能必然是在规范的教育功能实现的基础上才能实现的。就如同各个专业有一个课程体系一样，思想政治理论的各门课程也构成了一个相互关联的课程体系，共同实现对学生进行马克思主义理论与思想政治教育的目标。那么，培养学生运用马克思主义理论分析问题、解决问题的实践能力，也应该像学生的实习、实验、毕业论文等一样，是检验培养目标的一个重要环节。

第三，思想政治理论课实践教学不能简单地等同于思想政治理论课实践性学习环节，而是实践性学习与研究性学习并重的课程。思想政治理论课实践教学是以思想政治理论课学科理论为基础和载体的，这就决定了思想政治理论课实践教学除具有本身固有的实践性学习特点之外，还具有研究性学习的特点。作为高校课程体系的一部分，思想政治理论课既强调理论性，又强调实践性；既强调认知性，又强调活动性；既重视大学生的理论修养，又重视大学生的品德修养。思想政治理论课实践教学强调的研究性学习与实践性学习并重的学习方式，主要是指学生在实践过程中，以类似科学研究的方式，去主动获取并综合运用知识，内化有关的政治理论和道德知识，培养发现问题、分析问题和解决问题的能力，树立科学的世界观、人生观和价值观。

第四，从教学目的去理解，高校思想政治理论课实践教学可以分为以思想教育为主、以服务社会为主和以培养能力为主的思想政治理论课实践教学。

（二）高校思想政治理论课实践教学的特点

1.目标性

思想政治理论课实践教学目标是指在一定的条件和环境下，人们对思想政治理论课实践教学活动所期望达到的效果。实践教学目标要服务于高校思想政治理论课的总目标，即把大学生培养成中国特色社会主义事业的建设者和接班人。

思想政治理论课实践教学的目标，包括以下三方面内容。

（1）教育目标。此处专指高校思想政治理论课实践教学的“育人”功能，即寓教于行、以行育人，让学生在实践生活中认识社会、认识人生、接受教育、学会做人。在实践中，引导学生深入思考，运用辩证的方法分析各种问题，从而加深对马克思主义基本原理的理解，提高对党和国家方针、政策的认识，促进其树立科学的世界观、人生观和价值观，增强其培养良好道德品质的自觉性，并引导学生正确面对“应该做什么，不应该做什么”“做什么样的人，怎样做好这样的人”的问题。

（2）能力目标。能力目标是指实践教学活动在帮助大学生完成从书本到现实、从理论到实践的飞跃的同时，使大学生在各个方面都能够得到较好的锻炼和提高。在实践教学活动中，要充分依靠和发挥大学生的力量，让他们参与实践活动的策划、准备和组织，从而达到锻炼、提高大学生创新能力和组织管理能力的目的。通过参观访问和社会调查等实践活动，培养大学生观察问题、分析问题的能力；通过撰写调查报告或研究论文，来提高大学生的写作能力，增强开拓进取的精神；通过开展各种社会公益活动和社区服务活动，引导大学生走出校门，到基层去，到群众中去。这样，不仅可以帮助大学生认识社会、认识人生，而且可以帮助大学生解决知行不一致的问题，使大学生在实践过程中不断增强把认知转化为行为的能力。

（3）政治素质目标。政治素质目标是指通过实践教学把大学生培养成中国特色社会主义事业的建设者和接班人。思想政治理论课实践教学活动能够引导大学生去探究现实社会中的各种现象和问题，并且运用所学理论去分析这些现象和问题，提出解决问题的办法，使大学生在探讨、研究各种现象和问题的过程中，坚定社会主义信念，明辨是非，不断完善自我，从而提高自己的思想政治素质，健康成长为中国特色社会主义事业的建设者和接班人。

2.自主性

高校思想政治理论课实践教学打破了传统课堂注入式教学形式的强制性，更强调活动主体的自主性，强调大学生的主体地位和主观能动性。在思想政治理论课实践教学活动中，大多数教师采取的是协助式、筹划式、组织式的教学，大学生在教师的指导下自主组织安排实践教学活动，可以根据自己的能力水平、兴趣爱好、专业特长等自主选择活动项目，确定自身角色，自觉、自愿参与其中。这体现了学生不仅是教育教学的对象，而且是学习的主体，是有思想、有感情的主体。

3.针对性

高校思想政治理论课实践教学是提高思想政治理论教学效果和提高大学生运用理论观察问题、解决问题的能力的重要手段，必须紧紧围绕课堂教学的理论内容来设计和开展。因此，实践内容的选择一定要有针对性。

一是理论基础要有时代性。在课堂教学中，要整合、调整、充实思想政治理论课的教学内容，更多地融入反映时代呼唤和要求的重要内容，跟上社会发展的步伐。

二是实践内容要有现实性。实践的内容要紧扣时代主题，紧密联系现实社会和改革开放成果等方面的热点问题。

三是要考虑不同学生的要求。实践的内容要考虑不同专业、不同年级的学生的要求。

4.参与性

高校思想政治理论课实践教学将深刻的理论思维与鲜活的感性体验相结合，通过强烈的现场参与感，可以触发和增强大学生理论思维的兴奋点，而不是教师的“空洞”说教。思想政治理论课实践教学具有内容上的直观性和对象上的互动性。思想政治理论课教学的内容、形式和取材不再是刻板艰涩的概念、判断及推理等逻辑形式和逻辑演绎，而是活生生的事实、图像和景观，以及真切的体验，这种教学形式可以达到思想理论教育“润物细无声”的理想教学境界。高校思想政治理论课实践教学突出大学生的参与性，彻底改变了大学生被动接受的学习地位，使其积极主动地融入，甚至可以主导整个教学环节，充分弘扬现代教育所要求的学生主体地位，体现现代教育发展的趋势。

（三）高校思想政治理论课实践教学的实施

高校思想政治理论课实践教学是大学生了解社会、服务社会、增长才干、形成正确的社会认知和世界观、人生观、价值观不可或缺的活动过程。思想政治理论课教师顺利开展实践教学活动，通常需要通过下列几个环节来实施。

1.制定可行的实践教学方案，精心策划选题

思想政治理论课实践教学一定要注意坚持联系教学内容的实际，做到有的放矢。因此，必须在学生开展社会实践前制定可行的教学方案，精心策划好社会实践的选题。大学生一般根据选题来确定相应的社会实践内容和方式，也可以根据当地的实践教学资源

来确定相应的社会实践选题。选题一定要主题突出，可以根据当前国内外的热点问题及关系到群众和学生实际的问题来确定，也可以根据学生的专业、年级的不同来确定，如医学类专业可以适当突出医药类的选题。同时，选题也要有系统性，可以根据不同的内容对选题进行分类，集中汇编在学生实践手册上，供学生选择和参考，让学生结合实际进行调研，撰写调研报告。否则，就很容易使学生陷入盲目状态，使实践流于形式，难以达到思想政治理论课实践教学的目的。

2.严格培训，加强指导

大学生往往缺乏进行调查研究的能力，因此在实践前，高校教师要组织学生进行必要的培训，让学生了解思想政治理论课实践教学的目的和要求。在培训中，重点指导学生如何进行校外假期社会实践，特别是如何开展社会调查和社会服务，如怎样选择调查和服务类型、怎样联系调查和服务对象、怎样实地开展调查活动、怎样解决遇到的困难和问题，以及怎样撰写调查报告等。为使培训取得效果，教师要向学生介绍思想政治理论课实践教学大纲的内容，编发实践手册、选题汇编、调查报告写法和注意事项等辅助材料。

3.建立严格的思想政治理论课实践教学评估考核机制

构建合理的实践教学综合评估考核体系，是确保实践教学实效性的重要环节。这既包括对教师实践教学的考核评估，又包括对学生实践的考核评价。对教师的实践教学进行考核评估，主要是考核教学计划是否科学、是否得到贯彻实施、教师是否及时总结每次实践教学经验、教学组织是否到位、教学效果是否明显，其中涉及教师工作量的考核。教师工作量应参照专业课教师指导学生实习及批改实习论文的标准计算，按照教师指导学生实践的情况和指导学生的班级数计算相应的工作量，来进行综合考核。对学生实践的考核评价主要包括学生参加实践教学的态度、学生在实践活动过程中的表现和学生实践的成果水平。

建立规范、合理、客观、系统、多元的实践教学考核评价体系并严格考核，是促进教师认真教学、学生认真参加实践，确保思想政治理论课实践教学实效性的重要环节和手段。

4.及时总结，表彰先进

要使思想政治理论课实践教学真正取得效果，不能让学生上交一篇调研报告后就算完成教学，必须及时进行总结，评选优秀调查报告，对优秀学生进行表彰，以激励学生参与实践的热情和积极性。学生上交调查报告以后，教师必须根据考核要求，及时对调查报告进行认真、公正的评审，并写出评审意见。同时，选出一定数量的优秀调查报告汇编成册，作为思想政治理论课实践教学的成果。调查报告评审完毕后，应及时召开总结表彰大会。在会上，可以先由教师对学生社会实践的各个环节进行总结，对学生的调查报告进行点评，然后由学生发言，畅谈社会实践的心得和体会，互相交流经验，最后对优秀学生进行表彰和奖励。

总之，在高校思想政治理论课实践教学开展之前制定详细的教学方案，在实践活动之中有精心的组织和深入细致的指导，在学生实践活动之后有客观公正的总结、评价和奖励，是思想政治理论课实践教学活动开展的重要环节，是确保高校思想政治理论课实践教学实效性的重要途径和手段。

四、反思性教学

（一）反思性教学的含义

反思即有自我省察、回顾的意思，就是行为主体对自身既往行为及相关理念自觉地进行换位思考的认识活动和探究活动。反思的指向主要是过去的意识和行为，具有价值评判的性质。事实上，反思一词本身就含有反省、内省之意，从本质上来说，就是一种批判性思维，即通过对自己的思想、自己的心理感受等的思考，审视、分析当前的认识活动。

在教学中，反思的内涵是对教师自身的教学思维和行为的一种批判。反思的目的既是回顾过去或培养反思的意识，更是指导即将在未来进行的教学活动和教学实践。反思不仅是内隐的思维活动，而且是外显的实践行为，联系着思维和行动两个方面，确保反思的结果能够在教学实践中得到检验。

高校思想政治理论课反思性教学，就是在思想政治理论课教学实践过程中，教师对自身的教学行为不断地进行反思的一种行为，是对教学行为和教学过程进行批判的、有意识的分析与再认知的过程。它需要教师在教学实践活动中积极关注自身的教学行为和具体的教育情境，以开放的心态接纳不同的观点，从多个角度积极思考问题、研究教学活动，并对自己的选择与行动负责。

（二）高校思想政治理论课反思性教学的特点

反思性教学与传统教学相比，主要有下面几个特点。

1.目的明确性

反思性教学是一种目的明确的研究过程。从直接层面上说，是教师对自身教学过程中教什么、怎样教和为什么这样教的省察和反思。从更深层次上说，是教师对自身的师德修养、教学理念和师生关系等的理智化的暗示、假设、推理和检验。因此，反思性教学的目的在于有效解决教学中的问题并提高教学质量，它先关注教学的目标和结果是否有效达到，是否具有明确目的。

2.科学探究性

探究即探讨和研究，是人们认识、理解和改造世界的重要方式。反思性教学观是建立在现代教学理论基础上的科学教学观，其基本观点与传统消极学习观相对立。它以探究和解决教学基本问题为基本点，从而具有探究的性质。另外，反思是在回忆或回顾已有的心理活动的基础上，找到其中的问题及答案，也就是从自己活动的经历中探究其中的问题和答案，重构自己的理解，激活个人的智慧；不仅解决问题，更注重学习创造性与主体性的人格培养，并以此作为反思性教学的主要目的。

3.思维批判性

反思性教学强调教师对教学行为的积极思考与批判分析，反对机械地灌输和简单地重复。同时，它又是探究取向的，要求教师以批判的眼光看待教学中出现的问题，并善于通过积极的探究寻求问题的答案。通过对教学实践的反思，教师自觉地对自身已有的教学活动及教学活动中涉及的相关因素，进行持续的、批判性的审视、思考、探究和改进，从而调节并改善自身的师德品质，不断提高教学能力和教学质量。从实质上说，反思思维是批判性思维，经常批判性地、反复深入地思考问题，知识结构就会进一步完善、牢固，思路会更开阔、更灵活，见解会更深刻、更新颖。学生在批判中学习，教师在批判中教育，善于思考、勤于探究，从而使自己更加睿智和成熟。

4.对话合作性

反思性教学的主体包括教师个人与集体、学生及专业研究人员。教师个人与集体、学生、专业研究人员是实施反思性教学的核心要素。教师个人的自我反思、教师同行间与师生间的合作对话、专业研究人员的专业引领及全员跟踪推进，是实施反思性教学的基本力量，缺一不可。反思性教学是一种群体反思活动，强调师生之间在课堂上的双向反思探索活动之外，还要求教师之间、教师与专业人员之间在课前、课后进行群体性的交往与沟通，反思教学中存在的各种教学问题，探讨问题解决的方法和途径，以促进教学实践更加合理、有效。

5.实践操作性

反思性教学以解决问题为基点，立足教学实践行动中客观存在的真实问题，得益于行动研究的实践运用。反思性教学过程中的行动研究，是实践与反思相结合的研究。它基于教学实践，将教学理论与教学实践联系在一起，直接指导教学实践，使得特定情境中的教师能够对自己的教学情境有真正的理解，并做出明智而谨慎的决定。因此，反思性教学更加重视教学的实践操作性。同时，也追求教学实践的合理性，这必然要求反思后的新的教学假设和新的教学改进也要经过实践的检验。

（三）高校思想政治理论课反思性教学的具体应用

反思性教学与常规教学相比，具有许多优势和特色，然而，反思性教学在思想政治理论课中的应用还属于新生事物，在应用中还会遇到这样或那样的问题和挑战，需要从下列几个方面来加强反思性教学。

1.将教师主导作用和学生主体地位相统一

反思性教学的目的主要有“学会教学”和“学会学习”两个方面，因此要充分发挥教师的主导作用和学生的主体地位，实现教与学的统一。反思性教学过程既是知识的传递过程，又是知识的生成与创新的过程。教师和学生在知识的生成过程中是平等的主体，教师的职能由教转为导，教师不再是单纯的知识传播者，而是学生学习的组织者、促进者和辅导者，师生形成一个“学习共同体”。教师不仅要指导学生学会通过各种渠道占有知识、储存知识，更要引导学生学会选择、判断、运用和创造知识，保证学生的学习朝着正确的方向前进。将学生置于课堂的中心位置，教师要深入学生中间，创设教师与学生之间、学生与学生之间平等、和谐的学习氛围，树立起民主平等、相互信赖的关系，以平等的身份参与教学，发挥学生的学习积极性。在教学过程中，教师要面向全体学生，给他们以主动参与教学活动及表现、发展能力的机会，在与同学、教师之间的观点和思想的交流中促使学生的反思，调动学生的情感、兴趣和意志等非智力因素，让学生在问题情境中发现问题、提出问题，并解决问题，教师只是给予学生系统的学习方法的指导。

2.加强对信息收集处理的指导

思想政治理论课属于人文学科，有综合性、多样性的特点，其教学内容与社会生活息息相关。每一个置身于社会生活中的人，都会对各种社会现象形成自发的、朴素的认识。当前，世界经济全球化和政治格局多元化，国内多种经济成分和多种分配方式并存，伴随而来的是社会分化为多种利益群体和不同阶层，社会组织形式多样化、生活方式多样化、就业岗位和就业方式多样化。这些社会存在反映到社会意识中，就表现为价值取向的多元化。来自社会现象的各种信息及教学主体的价值观念多元化，都是丰富的教学资源。教师要加强对学生在信息收集处理方面的指导，提高学生的思考、诘问、评判和创新的能力，提升学生的智慧，张扬学生的个性，以实现教学实践的合理性。

信息的途径有很多，既有物力的，如教科书、博物馆、遗址、纪念馆、文化馆、自然和人文景观等，又有人力的，如教师、学生和家长等；既有校内的，如图书馆、教室和实验室等，又有校外的，如展览馆、现代化新农村等；既有显性的，如教科书、文献、网络、图片、录像和影视作品等，又有隐性的，如爱国精神、献身精神、奉献精神、教师的反馈和学生的反馈等。教师要引导学生走出课堂和学校，开阔学生的视野，吸收大量的信息，可以有效地克服以往思想政治理论课课堂信息狭隘的弊端，提高教学效率。同时，教师如果能指导学生将这些信息资源去粗取精、去伪存真，由表及里、由此及彼，收集、筛选、比较、确定，很好地加以利用与开发，对高校思想政治理论课反思性教学是大有裨益的。

3.注意加强对结论多样性的保护

反思性教学要求教师学会促进以学习能力为重心的学生整体个性的和谐健康发展，这就要求教师与学生真诚地沟通，尊重学生的人格，营造民主、平等和开放的氛围，让学生畅所欲言，保护结论的多样性。一是要承认学生的独立思考和探索是有意义的。二是当学生质疑教师的观点时，教师要清醒地意识到这是学生生命自主意识积极活动的表现，应加以鼓励和表扬，不要认为是对自己的不尊重而予以批评。三是要解放学生的思想，给学生提供积极的个性化思考和自主探索的时间与空间。

4.教师要注重自身素质的提高

课堂教学是一门遗憾的艺术，对于一堂课的教学来说，很难做到十全十美，即使课前精心准备、深思熟虑，课上运筹帷幄、精彩纷呈，但是课下细细琢磨，总会有令人感到遗憾、需要弥补之处。而进行科学、有效的教学反思可以减少遗憾，反思性教学是教师专业发展和自我成长的重要途径。反思性教学的本质是一个“提出问题—探讨研究—解决问题”的过程，教师以问题为情境，自觉地把自己的课堂教学实践作为认识对象，进行全面、深入、冷静的思考，再通过体会、感想和启示等形式进行总结，经常反思，多思则活、思活则深、思深则透、思透则新、思新则进，不断形成自我反省的意识和自我监控的能力，不断丰富自我素养，提升自我发展能力，由教书匠发展为教育家和研究者，逐步完善教学艺术。

第二章 高校思想政治理论课教学历史演变及现实要求

第一节 高校思想政治理论课的历史演变

一、高校思想政治理论课名称的演变

早在中华人民共和国成立之初，我国就在高校中开设了政治课，当时并没有一个统一的标准和名称，如1949年10月8日，华北人民政府高等教育委员会颁布的《华北专科以上学校一九四九年度公共必修课过渡时期实施暂行办法》，规定了公共必修课开设辩证唯物论和历史唯物论（包括社会发展史）、新民主主义论（包括近代中国革命运动史），文、法、教育（师范）学院毕业班学生必修政治经济学。这些马列主义思想教育和新民主主义教育的公共必修课，就是今日的思想政治理论课。

1956年9月9日，在《中华人民共和国高等教育部关于高等学校政治理论课程的规定》中，又将政治课称为政治理论课程，之后又出现过共同政治理论课、马克思主义理论课、思想品德和政治理论课等名称。1995年10月24日，在《关于高校马克思主义理论课和思想品德课教学改革的若干意见》中，第一次出现马克思主义理论课和思想品德课的标准提法，该意见指出："为适应新形势的要求，贯彻落实《中共中央关于进一步加强和改进学校德育工作的若干意见》，深入进行高等学校马克思主义理论课和思想品德课（简称'两课'）的教学改革。"自此，我国高校的政治课便有了马克思主义理论课和思想品德课（"两课"）的统一名称，并一直沿用到2004年。

2004年8月，中共中央、国务院正式将"两课"统一改称为"思想政治理论课"。

二、高校思想政治理论课的课程设置变化

从我国高校思想政治理论课的发展来看，自中华人民共和国成立以来，我国高校思想政治理论课的内容体系发生了多次变化。

2005 年，《中共中央宣传部 教育部关于进一步加强和改进高等学校思想政治理论课的意见》（教社政〔2005〕5 号，以下简称“5 号文件”）及《中共中央宣传部 教育部〈关于进一步加强和改进高等学校思想政治理论课的意见〉实施方案》（教社政〔2005〕9 号，以下简称“9 号文件”），明确规定了思想政治理论课的课程设置和教学内容。2018 年，《新时代高校思想政治理论课教学工作基本要求》（教社科〔2018〕2 号，以下简称“2 号文件”）对于思想政治理论课的课程设置和教学内容，进行了进一步的完善和补充。

“5 号文件”明确提出：要以马克思主义中国化的理论成果毛泽东思想、邓小平理论和“三个代表”重要思想为中心内容，完善思想政治理论课课程体系。对大学生进行系统的马克思列宁主义、毛泽东思想、邓小平理论和“三个代表”重要思想教育，进一步推动邓小平理论和“三个代表”重要思想“进教材、进课堂、进头脑”工作，帮助学生掌握中国特色社会主义理论的科学体系和基本观点，指导学生运用马克思主义世界观和方法论去认识问题、分析问题。开展马克思主义人生观、价值观、道德观和法治观的教育，引导学生树立高尚的理想情操和养成良好的道德品质，树立体现中华民族优秀传统和时代精神的价值标准与行为规范。开展中国近现代史教育，帮助学生了解国史和国情，深刻领会历史和人民是怎样选择了马克思主义，选择了中国共产党，选择了社会主义道路。开展党的路线、方针和政策教育，帮助学生正确认识国内外形势。

“9 号文件”规定的高等学校思想政治理论课的必修课程如下：

（1）“马克思主义基本原理”，着重讲授马克思主义的世界观和方法论，帮助学生从整体上掌握马克思主义，正确认识人类社会发展的基本规律；

（2）“毛泽东思想、邓小平理论和‘三个代表’重要思想概论”，着重讲授中国共产党把马克思主义基本原理与中国实际相结合的历史进程，充分反映马克思主义中国化的三大理论成果，帮助学生系统掌握毛泽东思想、邓小平理论和“三个代表”重要思

想基本原理，坚定在党的领导下走中国特色社会主义道路的理想信念；

（3）“中国近现代史纲要”，主要讲授中国近代以来抵御外来侵略、争取民族独立、推翻反动统治、实现人民解放的历史，帮助学生了解国史、国情，深刻领会历史和人民是怎样选择了马克思主义，选择了中国共产党，选择了社会主义道路；

（4）“思想道德修养与法律基础”，主要进行社会主义道德教育和法治教育，帮助学生增强社会主义法治观念，提高思想道德素质，解决成长成才过程中遇到的实际问题。

“2 号文件”提出：高举中国特色社会主义伟大旗帜，以马克思列宁主义、毛泽东思想、邓小平理论、“三个代表”重要思想、科学发展观、习近平新时代中国特色社会主义思想为指导，全面贯彻党的教育方针，落实立德树人根本任务，把高校思想政治理论课教学工作摆在更加突出的位置，更加重视加强和改进教学管理，更加重视提升教学质量，不断提升思想政治理论课的亲和力和针对性，全面推动习近平新时代中国特色社会主义思想进教材进课堂进学生头脑，牢固树立“四个意识”，坚定“四个自信”，培养德智体美全面发展的中国特色社会主义合格建设者和可靠接班人，培养担当民族复兴大任的时代新人。

“2 号文件”对于高校思想政治理论课的设置进行了进一步完善，要求严格落实学分。本科生“马克思主义基本原理概论”课 3 学分、“毛泽东思想和中国特色社会主义理论体系概论”课 5 学分、“中国近现代史纲要”课 3 学分、“思想道德修养与法律基础”课 3 学分、“形势与政策”课 2 学分；专科生“毛泽东思想和中国特色社会主义理论体系概论”课 4 学分、“思想道德修养与法律基础”课 3 学分、“形势与政策”课 1 学分；硕士研究生“中国特色社会主义理论与实践研究”课 2 学分，同时须从“自然辩证法概论”课和“马克思主义与社会科学方法论”课中选择 1 门作为选修课程，占 1 学分；博士研究生“中国马克思主义与当代”课 2 学分，同时可开设“马克思恩格斯列宁经典著作选读”课（列入学校博士生公共选修课）。鼓励全国各地各高校结合实际开设思想政治理论课选修课。

三、高校思想政治理论课课程体系的历史演变

（一）高校思想政治理论课课程体系的演化

我国高校思想政治理论课课程体系建设具有深厚的理论和实践背景，大体经历了起步和曲折发展、恢复和重建、持续发展和完善三个大的历史阶段，积累了适应社会主义革命、建设和改革实践发展的需要，体现马克思主义中国化最新理论成果，落实高等教育立德树人总体培养目标需要的宝贵历史经验，为新时代进一步完善和发展思想政治理论课课程体系提供了现实启示。

（二）改革开放以来高校思想政治理论课的三次大改革

1.1985 年的马克思主义理论课方案

1985 年，中央下达了《中共中央关于改革学校思想品德和政治理论课程教学的通知》，揭开了改革开放以来思想政治理论课首轮改革的序幕。1986 年，国家教委发出《关于在高等学校进一步贯彻〈中共中央关于改革学校思想品德和政治理论课程教学的通知〉的意见》，把高等学校的政治理论课确定为 4 门，即“中国革命史”“中国社会主义建设”“马克思主义原理”“世界政治经济与国际关系”。“世界政治经济与国际关系”在文科中开设，理工农医院校政治理论课的总学时应当不少于 210 学时。这就是后来所说的由原来的“老三门”变为“新四门”，即“85 方案”。

1991 年，《国家教委关于加强和改进高等学校马克思主义理论教育的若干意见》提出：为保证马克思主义理论教育任务的完成和教学内容改革的深入进行，课时应作适当增加。四年制本科课时，文科类为 350 学时，理工农医类为 280 学时，大学专科二年制文理科均为 140 学时，三年制均为 210 学时（以上均不含时事政策学习和德育课程学时）。上述规定课时必须予以保证，任何学校和个人都不得以任何理由为借口任意减少或挪用马克思主义理论课的课时。

2.1998 年的“两课”方案

1998 年，经中央批准，思想政治理论课建设更加规范化、科学化，产生了新的课程体系。新设置的马克思主义理论课有 5 门课程，即马克思主义哲学原理、马克思主义政

治经济学原理、毛泽东思想概论、邓小平理论概论、当代世界经济与政治。思想品德课有3门课程，即思想道德修养、法律基础、形势与政策。

3.2005年的思想政治理论课方案

2002年11月，党的十六大召开，“三个代表”重要思想确立为党的指导思想并写入党章。2003年2月，在《教育部关于进一步深化“三个代表”重要思想“三进”工作的通知》中，将“邓小平理论概论”课调整为“邓小平理论和‘三个代表’重要思想概论”课。2005年2月，下发了《中共中央宣传部 教育部关于进一步加强和改进高等学校思想政治理论课的意见》，2005年3月，又下发了《〈中共中央宣传部 教育部关于进一步加强和改进高等学校思想政治理论课的意见〉实施方案》，新一轮高校思想政治理论课课程改革全面启动。

根据上述指导思想，教育部对思想政治理论课的四年制本科课程设置作出了明确的规定：开设的4门必修课是：①马克思主义基本原理；②毛泽东思想、邓小平理论和“三个代表”重要思想概论；③中国近现代史纲要；④思想道德修养与法律基础。另外，开设“当代世界经济与政治”等选修课。

第二节 高校思想政治理论课的教学内容

一、高校思想政治理论课的主要内容阐述

新时期，高校思想政治理论课的主要内容包括马克思主义教育，基本国情和形势与政策教育，党的基本理论与基本经验教育，世界观、人生观和价值观教育，道德观和法治观教育，以及历史观教育等。

（一）马克思主义教育

高校思想政治理论课的马克思主义教育包括马克思主义立场教育、马克思主义的观点和方法教育等。

1.马克思主义立场教育

在当前社会主义市场经济条件下，马克思主义立场教育主要是用马克思主义占领高校思想政治理论课教学的阵地，坚定学生的社会主义信念。

马克思主义是无产阶级和人民群众的思想武器，是代表无产阶级和广大人民根本利益的理论。在纷杂多变的社会生活中要始终坚持用马克思主义占领思想阵地，把巩固发展社会主义意识形态的任务落到实处。要坚持不懈地对干部群众进行马克思主义基本原理教育，旗帜鲜明地同各种错误思潮做斗争。

在社会主义初级阶段，马克思主义与反马克思主义、唯物主义与唯心主义、无神论与有神论、科学与伪科学的斗争将是长期的、复杂的。在思想理论领域，对事关政治原则、政治方向的问题，必须旗帜鲜明、立场坚定、分清是非，对于反马克思主义、唯心主义、有神论、伪科学等错误的东西，绝不能听之任之，绝不允许这些错误的思想与我们争夺群众、争夺思想阵地。我们要密切关注社会政治方向，分析各种错误思潮形成、传播、蔓延的现象，不断提高政治敏锐性和鉴别力，坚决同各种错误思潮和封建迷信、伪科学等现象做斗争。

我们要坚定社会主义信念，充分肯定社会主义已经取得的历史成就，全面认识中华民族的伟大复兴与社会主义的胜利前景之间的关系，看到社会主义必然胜利的光辉前景。

2.马克思主义的观点和方法教育

辩证唯物主义和历史唯物主义的世界观是马克思主义观点的集中体现，而用这种观点看待事物、分析和解决问题，就是方法论。进行马克思主义观点和方法的教育，当前最重要的是树立辩证思维的观念，教育学生辩证地看待传统观念，辩证地看待新出现的观念，辩证地看待外来观念，辩证地否定旧观念、肯定新观念，克服主观性、片面性、随意性。在思想政治理论课教学中，教师要帮助学生端正思想，实现思想政治理论课教学的观念创新。

在思想政治理论课教学中，无论是对旧观念的否定，还是对新观念的肯定，都切忌绝对化。应当看到新观念与旧观念虽有质的区别，但却有着千丝万缕的联系。旧观念中包含着对新观念形成有积极意义的东西，新观念也有可能转化成旧观念。因此，只有运用辩证思维的方法，科学地去粗取精、去伪存真，才能实现观念的创新。

（二）基本国情和形势与政策教育

形势政策教育，不但历来是党的思想政治理论课教学的一个重要内容，而且是党的思想政治理论课教学的优良传统。形势教育主要包括国内形势教育和国际形势教育。形势教育可以使大学生学会正确地认识和分析形势，正确理解党的路线、方针、政策，坚决完成党和国家的各项任务，增强对社会主义事业的信心。而政策是实现党的路线的行动准则，是党的一切实际工作的出发点。政策教育可以使大学生在社会生产和社会生活实践中，做到更加理性、心中有数、自觉地与党和政府保持一致。

1.当前基本国情和形势教育

我们要辩证地看待当前的基本国情和形势，既不能妄自尊大、盲目乐观，又不能悲观失望、缺乏信心。改革开放以来，由于我国经济实力的迅速增强，在国内和国际上面临的形势总体是好的：我国人均国内生产总值（GDP）年递增率连续快速增长，GDP 从整体上已经达到小康水平；我国从人口大国正在向人力资源大国转变；经济体制转轨与社会结构的转型同时进行，使中国实现了跨越式的发展；经济全球化的影响已经渗透到我国的生产、流通、金融、能源及各种服务业，越来越成为影响我国经济社会生活的一种特殊力量。

然而，当前中国经济社会的发展也存在一些难题：发展中不平衡、不协调、不可持续问题依然突出。科技创新能力不强，产业结构不合理，农业基础依然薄弱，资源环境约束加剧。制约科学发展的体制机制障碍较多，深化改革开放和转变经济发展方式任务艰巨。城乡区域发展差距和居民收入分配差距依然较大。社会矛盾依然存在，教育、就业、社会保障、医疗、住房、生态环境、食品药品安全、社会治安和执法司法等关系群众切身利益的问题较多，部分群众生活比较困难。一些领域存在道德失范、诚信缺失现象；一些领导干部自身的科学发展能力不强；一些基层党组织管理能力不强，少数党员干部理想信念动摇、宗旨意识淡薄，形式主义、官僚主义问题突出，奢侈浪费现象严重；一些领域消极腐败现象易发、多发，反腐败斗争形势依然严峻。对这些困难和问题，我们必须高度重视，认真分析产生的根源并加以解决。

2.当前相关政策教育

第一，坚持以经济建设为中心，通过发展来解决人们在发展中遇到的各种困难和矛盾。当前，各种困难和矛盾归根结底都是由于发展不足和发展不平衡导致的。在这样一个全球化的时代里，对于我们有着 14 亿多人口的大国来说，人民群众的物质与文化生活需求还远远得不到满足，因此只有发展，才是硬道理，只有发展，才能从根本上应对各种困难、解决矛盾。

第二，坚持以人为本，树立全面、协调、可持续的科学发展观，做到“五个统筹”。在改革发展中，坚持在经济增长的同时，使人民群众的生活水平不断提高，坚持让绝大多数人能够享受到改革发展的实惠，这是改革发展能够继续顺利进行的重要基础。

第三，在发展中注意化解新的利益和价值冲突。我国在发展中出现的新的社会矛盾，总体上都属于利益格局的调整问题，属于人民内部矛盾。目前，市场化的过程带来了价值观的碰撞和冲突，因不同地域、不同社会阶层和不同年龄段对社会的重要价值认同方面存在较大差异，这是形成社会矛盾的深层影响因素之一。因此，对于不同地域、不同社会阶层和不同年龄段的利益协调和价值的整合，是化解社会矛盾必须同时注意的两个方面。

第四，坚持党的领导。新的形势下，中国共产党面临的执政考验、改革开放考验、市场经济考验和外部环境考验是长期的、复杂的、严峻的。不断提高党的领导水平和执政水平，提高拒腐防变和抵御风险能力，是党巩固执政地位、实现执政使命必须解决好的重大课题。全党要增强紧迫感和责任感，牢牢把握加强党的执政能力建设、先进性和纯洁性建设这条主线，坚持解放思想、改革创新，坚持党要管党、全面从严治党，全面加强党的思想建设、组织建设、作风建设、反腐倡廉建设和制度建设，增强自我净化、自我完善、自我革新、自我提高能力，建设学习型、服务型和创新型的马克思主义执政党，确保党始终是中国特色社会主义事业的坚强领导核心。

（三）党的基本理论和基本经验教育

1.党的基本理论教育

现阶段，中国共产党的基本理论是马克思列宁主义、毛泽东思想、邓小平理论、“三个代表”重要思想、科学发展观和习近平新时代中国特色社会主义思想，这是我们党必须长期坚持的指导思想。马克思主义是我们立党立国的根本指导思想，习近平新时代中国特色社会主义思想是当代中国马克思主义、21世纪马克思主义，系统回答了新时代坚持和发展什么样的中国特色社会主义、怎样坚持和发展中国特色社会主义，建设什么样的社会主义现代化强国、怎样建设社会主义现代化强国，建设什么样的长期执政的马克思主义政党、怎样建设长期执政的马克思主义政党等重大时代课题，是全党全国人民为实现中华民族伟大复兴而奋斗的行动指南，必须长期坚持并不断发展。要全面深入学习贯彻习近平新时代中国特色社会主义思想，真正做到学深悟透、融会贯通、真信笃行，巩固全党全国人民团结奋斗的共同思想基础。

2.党的基本经验教育

中国共产党领导中国人民在中国特色社会主义建设实践中励精图治、与时俱进，积累了宝贵的经验。党的十九大把这些基本经验加以高度总结：坚持以马克思列宁主义、毛泽东思想、邓小平理论、“三个代表”重要思想、科学发展观、习近平新时代中国特色社会主义思想为指导，以习近平同志为核心的党中央领导集体紧紧围绕坚持和发展中国特色社会主义，提出了一系列具有开创性意义的新理念新思想新战略，涵盖经济建设、政治建设、文化建设、社会建设、生态文明建设和党的建设各个领域，涉及改革发展稳定、内政外交国防、治党治国治军等各个方面，是一个系统完整、逻辑严密的科学理论体系。习近平新时代中国特色社会主义思想深刻地回答了新时代坚持和发展什么样的中国特色社会主义，包括新时代坚持和发展中国特色社会主义的总目标、总任务、总体布局、战略布局和发展方向等基本问题，推动马克思主义与中国具体实践相结合，发展当代中国马克思主义、21世纪马克思主义，更好地运用马克思主义观察时代、解读时代、引领时代，真正搞懂面临的时代课题，深刻把握世界历史的脉络和走向。增强“四个意识”，即政治意识、大局意识、核心意识、看齐意识；坚定“四个自信”，即道路自信、理论自信、制度自信、文化自信；做到“两个维护”，即坚决维护习近平总书记党中央的核心、全党的核心地位，坚决维护党中央权威和集中统一领导；要从两个“大局”看待问题，一个是中华民族伟大复兴战略全局，一个是世界百年未有之大变局。

（四）世界观、人生观和价值观教育

1.世界观教育

世界观是人们对整个世界总的看法和根本观点。随着在改造客观世界的实践活动中对客观世界认识的不断增加和知识的不断积累，人们就会形成对世界的总的看法，形成一定的世界观。世界观形成以后，又会支配着人们的认识和行动。但人们在日常生活实践中自发形成的世界观往往是不系统的，是缺乏理论论证的，且有正误之分。当然，正确的世界观可以指导人们进行正确的实践，从而对社会发展起促进作用，而错误的世界观起到的作用却是相反的。思想政治理论课教学的一个重要任务，就是要以科学、系统的世界观武装人们的头脑，使人们在改造世界的过程中减少盲目性、增强自觉性。

马克思主义世界观是科学、系统的世界观，能指导人们能动地改造自然和社会。用马克思主义世界观对大学生进行思想教育，是当前高校思想政治理论课教学的基本任务之一。

2.人生观教育

人们对人生基本问题的根本观点就是人生观，它以人生为对象，是人们对人生意义、人生目的和人生价值的理解和看法。在社会生活中，人都会有自己对人生的体验和理解，都会对自身境遇和命运进行思考，并在这些体验和思考的基础上形成对生活的根本看法和总的观点。人们在生活实践中自发形成的人生观往往是凌乱的、不系统的、缺乏科学论证的。此外，人生观是人们所处的一定历史条件和社会关系相结合的产物，是人们社会生活的反映，所以社会生活实践不同的人们的人生观也会不同。当然，现实的人生观有积极进取和消极颓废之分，有科学成熟和荒谬幼稚之分，这就需要我们进行人生观教育，帮助大学生在形形色色的人生观中分辨真伪，引导他们走上正确的人生之路。

现阶段，高校通过思想政治理论课对大学生进行人生观教育，应着重帮助他们厘清个人与社会的关系、贡献与索取的关系，以及理想与现实的关系。

3.价值观教育

价值观是指人们对实际存在和可能存在的主客体之间的价值关系、主体的价值创造活动及其结果的性质和意义在头脑中的反映，以及由此形成的比较确定的心理和行为取向或心理和行为定式。它是人们在一定环境中产生的动机、目的、需要和情感意志的综合体现。价值观一旦形成，就会对人们的认识和实践活动产生能动的反作用。人们的一切社会行为和活动方式，都受到各自的价值观的规范和调节，人们的认识和实践活动，都是在一定的价值观的指导下追求一定的价值实现。

社会主义市场经济存在着多种经济成分和多种利益主体，因而不可避免地存在着多元价值观和价值取向。对此，我们要有清醒的认识，并施以正确的价值观引导。当前，高校思想政治理论课进行的价值观教育，要着重抓好义利观教育、荣辱观教育、苦乐观教育和生死观教育等。

中国特色社会主义事业是面向未来的事业，需要一代又一代有志青年继续奋斗。全党都要关注青年、关心青年、关爱青年，倾听青年心声，鼓励青年成长，支持青年创业。广大青年要积极响应党的号召，树立正确的世界观、人生观和价值观，永远热爱我们伟大的祖国，永远热爱我们伟大的人民，永远热爱我们伟大的中华民族，投身中国特色社会主义伟大事业中，让青春焕发出绚丽的光彩。

（五）道德观和法治观教育

道德观是在一定社会条件下人们关于道德问题的基本认识和观点。道德作为一种社会意识形态，是一定历史条件的产物，是一定社会存在的反映。作为人们共同生活准则和规范的道德一旦形成，便会对社会生活产生重大的影响，对经济的发展和政权的巩固具有巨大的反作用。

道德是社会生活中的每个公民所必需的，中共中央发布的《公民道德建设实施纲要》正是从建设社会主义精神文明的高度来提高公民素质，促进公民应有的道德意识和道德责任感的培养。当前，我们要在全社会中提倡和贯彻“爱国守法、明礼诚信、团结友善、勤俭自强、敬业奉献”的公民基本道德规范，弘扬振兴优秀的中华民族精神，引导人们努力攀登道德的更高阶梯，用共产主义道德武装全党和全国人民。

法治观教育是指人们对统治阶级所制定的各种法律制度的基本认识和看法。法治是一定统治阶级根据自己的意志，通过政权机关而建立起来的，它包括法律的制定、执行和遵守，具有权威性和强制性，要求所有公民服从和遵守。因此，对大学生进行法治观教育，是高校思想政治理论课教学的一项重要内容。

（六）历史观教育

古人云：“以铜为鉴，可正衣冠；以史为鉴，可知兴替；以人为鉴，可明得失。”这里的“史”，包括我国的历史和世界各国的历史。历史记录积淀人类的知识和智慧，承载着人类文化的进步与发展，是人类文明得以不断前进的体现。世界各国政府无不重视对自己国家史、民族史的研究和教育。重视历史，以史为鉴，积极弘扬民族的文化遗产，以促进社会的进步，这是中华民族的优良传统。历史教育主要就是历史观的教育，所以高校思想政治理论课教育中的历史观教育，必须充分认识到思想政治理论课的整体性和体系性特征。各高校开设的各种与中国近现代史有关的课程，主要是从革命史和党史的视角，向青年学生展现中国近现代史的发展主线，具有明确的意识形态的政治导向。中国近现代史教育的重要作用之一，就是帮助青年学生正确地认识现实。

二、高校思想政治理论课内容确定的依据

（一）坚持马克思主义立场

马克思主义不但是进行高校思想政治理论课研究的指导思想，而且是高校思想政治理论课内容设立的重要依据。坚持马克思主义的立场、观点和方法，就是对大学生进行思想政治理论教育的目的之一。

思想政治理论课教学的观念指向和价值指向是显而易见的。马克思主义认为，思想政治理论属于上层建筑，是观念的、意识形态的一部分。思想政治理论课教学主要就是思想政治理论的教育和传输，所以思想政治理论课内容如何选用、思想政治理论课课程如何分配，以及把思想政治理论的各种观点如何融入思想政治理论课的教学和实践中，就显得特别重要。然而，需要指出的是，不能错误地认为意识形态教育可以随意地剪裁思想政治理论课的内容，也不能不加选择、不加编排地把杂乱的理论观点和历史事实倾倒给学生，要知道它是在马克思主义历史唯物主义理论的指导下，以现实提出的问题为前提，以事实为基础，有选择地赋予思想政治理论课有意义、有价值的内容，对思想政治理论课教学进行合理的安排，使大学生认识到中国社会历史发展规律，认识到思想政治理论课教学的必要性和现实的合理性，增强大学生的社会认同。

（二）坚持党的基本路线

中国共产党在社会主义初级阶段的基本路线是：领导和团结全国各族人民，以经济建设为中心，坚持四项基本原则，坚持改革开放，自力更生，艰苦创业，为把我国建设成为富强民主文明和谐美丽的社会主义现代化强国而奋斗。这条基本路线可以简单概括为“一个中心、两个基本点”。其核心的内容是以经济建设为中心，经济是基础，政治是经济的集中表现，生产力是社会发展最根本的决定因素。在全党集中力量进行社会主义现代化建设的历史时期，发展社会生产力是党的最根本的任务、最大的政治任务。离开了经济建设这个中心和发展生产力这个根本任务，党的建设也就失去了正确的方向。虽然高校不完全是经济生产单位，但要想发展经济就必须依靠教育，因为要想使生产力得到又好又快发展，首要的任务也是先提高劳动者的素质。

当前，我国社会正处于市场经济体制从确立到逐步完善的发展阶段，体制转轨带来的影响涉及社会生活的各个方面，这些变化要求我们的思想观念和价值体系紧跟形势的发展。作为社会未来发展生力军的当代大学生，应逐步确立起自主、平等、开放、竞争等意识，拥有良好的社会人格和职业道德，在充满诱惑的社会生活中保持知荣辱、辨善恶的素质和品格，这也正是思想政治理论课教学的重要任务。

随着经济全球化的深入发展，各国在经济、文化和教育等方面的交流不断加强，这给我国的经济发展带来了前所未有的机遇，但西方发达国家在引导和推动经济全球化的过程中，借助经济的对外扩张，推行其价值观念和意识形态，这就造成了部分年轻人崇拜西方的价值观念和生活方式，导致部分大学生的理想和信念开始动摇、意识形态观念发生变化。对此，高校思想政治理论课教学对当代大学生学习马克思主义基本原理提出了更高的要求，强调学习马克思列宁主义要结合贯彻党的基本路线的实践。

1.党的基本路线为思想政治理论课内容的设置指明了方向

以经济建设为中心是党的基本路线的中心，在整个社会主义初级阶段，思想政治理论课教学必须紧紧围绕这个中心不放松，必须坚持四项基本原则不动摇。改革开放是强国之路，高校必须投身到改革开放的洪流中。从本质上讲，改革开放就是要我们打开国门，学习世界上各个国家和民族的长处，利用人类文明的一切优秀成果来发展社会主义国家的生产力，提高人民的生活水平，增强社会主义国家的综合国力。在思想政治理论课教学过程中，对于其他政党、国家和民族的东西，要取其精华，去其糟粕，坚持思想政治理论课教学的正确方向。

2.符合党的基本路线的实践，需要改革思想政治理论课教学内容

各级领导干部和青年学生要加强对马克思列宁主义、毛泽东思想、邓小平理论、“三个代表”重要思想、科学发展观、习近平新时代中国特色社会主义思想的学习，这些内容实质上就是在强调坚持党的基本路线，它对高校思想政治理论课教学同样提出了具体的要求，因此思想政治理论课的教学内容必须符合党的基本路线的实际需求。

在马克思主义理论学习上，要综合学习和运用高校思想政治理论课必修课程教学的知识，研究建设中国特色社会主义这个主题；还应增加下列内容，如各地区、各部门如何服从、服务于党的基本路线，经济体制改革与政治体制改革，世界经济一体化与中国特色社会主义经济建设，世界政治的发展与中国特色社会主义历史使命，当代科学技术的新发展与我国社会主义经济建设、知识经济等方面的内容，使思想政治理论课教学内容紧紧围绕党的基本路线，保证党的基本路线的贯彻实施。

（三）立足我国的现实情况，着眼未来发展

1.立足我国的现实情况，设置思想政治理论课的教学内容

改革开放以来，我国的生产力水平有了很大提高，综合国力不断增强，但总体来说，我国人口多、底子薄，地区发展不平衡的状况还未得到根本改变。思想政治理论课教学在内容安排上必须让大学生认清这一客观事实：虽然我国的现代化建设已取得举世瞩目的伟大成就，但我国的生产力水平还落后于发达国家。思想政治理论课教学内容要基于我国的现实状况，帮助学生清醒地认识自己肩负的国家富强、民族振兴的重任，使他们以国家富强、民族昌盛为己任，珍惜时间，把握机会，发奋读书，立志成才，做社会主义现代化事业的建设者和接班人。

2.着眼未来发展趋势，设置思想政治理论课教学内容

未来社会将比今天更进步、更文明，这是历史发展的必然。当今世界文明的进步首先表现在科学技术的迅猛发展上，世界科技发展速度惊人，新的技术不断涌现，并影响着人类的生活。社会实践证明，科技的发展不仅是经济增长的决定因素，而且影响着我

国的综合国力、社会经济结构，以及人民的生活水平，并改变着人们认识客观世界的手段、方式和能力，以致对哲学、社会科学也产生巨大的冲击。

通过高校思想政治理论课教学，必须让大学生深知未来的科技发展神速，未来的社会千变万化，要使中华民族自立于世界民族之林，不但要具有高度发达的科学技术，而且要具备高度发达的思维创造能力。人们的意识在适应形势发展的同时，还要对未来的发展做出前瞻性的预测。正如邓小平同志所说的那样：“我们不但要看到近期的需要，而且必须预见到远期的需要；不但要依据生产建设发展的要求，而且必须充分估计到现代科学技术的发展趋势。”他特别强调教育要面向未来，教育要从现代化建设、当今世界的特点及未来的发展趋势出发，培养大批合格人才。高校思想政治理论课教学也是如此，思想政治理论课教学内容的设置要面向未来、面向现代化，必须着眼于知识经济的发展，以战略的眼光重新审视思想政治理论课的教学目标和人才培养模式，把专业教育与普通教育、科学教育与人文教育、理论教育与科学研究及社会实践结合起来，提高大学生的学习、就业、工作转化和创业能力，使大学生不仅学会“做事”，还要学会“做人”，更要学会“生存”。

（四）从大学生的思想实际出发

伴随着对外开放和经济体制改革的不断深化，社会政治、经济、文化生活发生了翻天覆地的变化，个体的发展空间得以扩大。大学生思想活跃，博览群书，面对日趋激烈的社会竞争，他们通过各种形式深入工厂、农村、城镇等社会生活的各个领域，了解社会政治、经济、文化及人们生活的发展状况，亲身实践，力求从思想上、行动上跟上时代的步伐。按劳分配的经济法则教会了当代大学生更注重知识学习和能力的培养，注重自我价值、自我设计的实现，以便在未来的市场竞争中确立自己的支点。这时，如果仍按照过去的思想政治理论课内容和方法开展大学生教育，脱离市场经济条件下大学生关注的热点，可能会引起学生的轻视甚至反感。只有从大学生的思想实际出发，从大学生的切身利益出发，建立在大学生关注热点基础上的思想政治理论课课程体系教育教学，才会受到大学生的欢迎，也才能达到思想政治理论课教学的目的。

变化的时代要求高校思想政治理论课的教学内容增强其针对性，即教学内容要反映国内外的重大现实问题及大学生的思想和实际问题，从大学生的思想实际和切身利益出发，在继承传统教育内容的精华的同时，体现出新时期对大学生素质的新要求，注意增加一些具有大学生个体特殊性，有效缓解其思想矛盾、心理冲突和情感困惑等问题的内容，进而促进大学生成长、成才、成就和成功。

第三节 高校思想政治理论课教学要求

一、对思想政治理论课教师的“六个要”

（一）政治要强

思想政治理论课是具有鲜明意识形态属性的课程，政治性是第一位的。每位高校教师都应该树立科学信仰，具备较高的政治素质。思想政治理论课所涉及的知识多是与政治相关的，社会中的每个人都或多或少地与政治发生关系，大学生作为未来社会的重要部分，也作为社会中知识相对丰富的群体，应该拥有更多的政治知识、更高的政治觉悟、更坚定的政治立场，而思想政治理论课教师作为负责坚定大学生共产主义信仰和中国特色社会主义信念的引导者，应当拥有丰富、扎实的政治知识，还应当拥有更高的政治站位、更强的政治意识、更敏锐的政治鉴别力和政治洞察力。

（二）情怀要深

思想政治理论课教师应该具有深厚的家国情怀，以情感人，感染、激励、引导学生拥有家国情怀的使命与担当。《新时代爱国主义教育实施纲要》中提出，要“加强思想政治理论课教师队伍建设，让有信仰的人讲信仰，让有爱国情怀的人讲爱国。”思想政治理论课教师作为引导学生拥有家国情怀的教师，不应是自私自利、对各种事情漠不关心之人，而应是有坚守、能摆正公私位置之人。

（三）思维要新

思想政治理论课教师要学会辩证唯物主义和历史唯物主义的思维方法，并在实践中科学地运用。时代是不断发展的，马克思主义中国化的理论成果也随着时代的发展涌现出新的理论成果，因此思想政治理论课教师常常需要面对新的教学内容，并且每年都要面对新的学生，每代人因成长环境、生活际遇等不同，而都具有不同的思维方式，如果思想政治理论课教师总是以一成不变的教学手段和教学形式来讲授新课，就无法跟上时代发展的步伐。思想政治理论课教师应掌握理论发展的前沿，创新思考，不断了解发展变化的教学对象，不断更新教学的内容，以新的视角、新的教学理念去应对教学中出现的新问题和新情况。这种教学探索要永不停歇，始终保持进行时的状态。

（四）视野要广

格局决定结局，思路决定出路。思想政治理论课教师是学生的引路人，教师所站的位置、所具有的眼界和视野，将直接影响和决定学生的眼界与思路。首先，思想政治理论课教师要善于从整体上驾驭知识体系，把握全局。其次，思想政治理论课教师要具有国际视野，也要注意教育和引导学生客观、辩证地看待世界大变局给中国特色社会主义建设带来的机遇与挑战，客观分析国际问题，引导学生将中国的发展置于国际视域中进行比较，突显我国“四个自信”的底气和优势。最后，思想政治理论课教师要具有历史视野，以史为鉴是中华民族文化的一个重要特质，也是中华文化的优秀传统，要继承并发扬光大。

（五）自律要严

从人类行为规制的路径来看，主要分为自律和他律两种。他律是外在约束，要通过内在的自律起作用；自律是自我约束，自我要求，自我修养，应该说反求诸己是一种更高的思想境界。思想政治理论课教师在引导大学生自我约束、严格自律时，应先做到严格约束自己，言行一致、知行合一，严于律己、宽以待人。思想政治理论课教师要做到严格的自律，还要时时处处践行社会主义核心价值观，弘扬正能量，做时代的引领者。

（六）人格要正

人格要正可以说是对思想政治理论课教师最根本的要求，它融合了“政治要强”“情怀要深”“思维要新”“视野要广”“自律要严”五个方面的要求。思想政治理论课教师的高尚人格加上真理的力量，是实现思想政治理论课教学实效性的重要保证。教育学中应重视学生的“向师性”，大学生虽然心理和生理更加成熟稳定，但也经常表现出因认可任课教师的人格，才更信服其所讲授的道理，进而更深入地感受其所传授的知识。

二、对思想政治理论课的“八个统一”

（一）政治性与学理性相统一

高校思想政治理论课教师要以透彻的学理分析回应学生，以彻底的思想理论说服学生，用真理的强大力量引导学生，必须处理好思想政治理论课教学、科研及学科建设的关系，才能够做到政治性和学理性的统一。如果仅注重学科建设和科研，就是否定了思想政治理论课教学的基础地位。马克思主义理论学科建设是为思想政治理论课教学提供学理支撑的重要途径，高校思想政治理论课教师应通过科研来提升自身的理论素养，提升教学中的理论性，避免政治说教。

（二）价值性与知识性相统一

高校思想政治理论课教师应寓价值观引导于知识传授之中。知识教育是以知识传授、科学精神培育、智力开发为主要目标的，属于认识论的范畴；而价值引导是以人性的养成、人格的塑造、人的价值开发等为目标的，属于价值论教育的范畴。价值性和知识性的统一，要求以知识传授为载体，以价值引导为核心；以知识教育来支撑价值引导，以价值引导来引领知识传授。在价值引导中，必须处理好思想政治理论课教学与人文教育的关系，建立以思想政治理论课为龙头，以系统的人文教育课程为支撑的价值引导课程体系。

（三）建设性与批判性相统一

高校思想政治理论课教师应传导主流意识形态，直面各种错误观点和思潮。建设性和批判性都属于思维能力的范畴，要求受教育者具有明辨是非的能力。这一思维能力的重要性甚至超越了创新能力，因为思维能力决定了受教育者的人生方向，对于教育者来讲，向受教育者传导这一思维能力，就必须先增强辩证唯物主义和历史唯物主义思维能力，进而实现这一思维能力的传导和输送，培养学生的建设性和批判性思维能力。

（四）理论性与实践性相统一

用科学理论培养人，重视思想政治理论课的实践性，把思想政治小课堂同社会大课堂结合起来，教育引导学生立鸿鹄之志。思想政治理论课既是理论课，又是以实践来支撑理论的课程。这里的实践，既包括教育者自身的实践，在实践中积累丰富的素材来支撑理论，又包括受教育者的亲身实践，应以大思政格局为引领，带动实践教学体系化、实效化、生动化、有趣化，逐步探索理论性与实践性的有机统一。

（五）统一性与多样性相统一

思想政治理论课教学应落实教学目标、课程设置、教材使用、教学管理等方面的统一要求，又因地制宜、因时制宜、因材施教。思想政治理论课教学目标的统一性要求课程设置、教材编写使用、教学管理具有统一性。与此同时，在不同学校，要根据不同的地域特点、不同的时代背景、不同的受教育者群体，进行多样化的教学。

（六）主导性与主体性相统一

思想政治理论课教学离不开教师的主导，同时也要加大对学生的认知规律和接受特点的研究，发挥学生的主体性作用。强调学生的主体性，就是要逐步改变过去以课本为中心、以教师为中心的课堂形式，改变教师自我独白、无人参与的授课局面，实现课堂从单一权威到主体平等的转变，实现以学生为中心的转变。

（七）灌输性与启发性相统一

注重启发性教育，引导学生发现问题、分析问题、思考问题，在不断启发中让学生水到渠成得出结论。灌输性与启发性相统一的提出，一方面，为灌输性在思想政治理论课教学中的合理性存在提供了依据，逐步终结长期以来对灌输性的否定性评价。另一方面，强调二者的统一，奠定了启发性在思想政治理论课教学中的重要地位。

（八）显性教育与隐性教育相统一

高校思想政治理论课教师要积极挖掘其他课程和教学方式中蕴含的思想政治教育资源，实现全员全程全方位育人。“要理直气壮开好思政课”，这一理直气壮，既包括如雷贯耳的显性教育，又包括润物细无声的隐性教育；既包括思想政治理论课的主导性显性教育，又包括课程思政的主体性隐性教育；既包括思想政治理论课教师的主导性教育者，又包括学校学工干部、党政干部、辅助人员等群体的教育者；既包括课程育人这一显性教育，又包括科研育人、实践育人、文化育人、网络育人、心理育人、管理育人、服务育人、资助育人、组织育人等隐性教育，在隐性教育中挖掘思政教育的资源，实现思政教育的功能，通过十大育人体系的有效结合和相互支撑，实现全员全程全方位育人。

三、新时代高校思想政治理论课教学工作基本要求

思想政治理论课承担着对大学生进行系统的马克思主义理论教育的任务，是巩固马克思主义在高校意识形态领域指导地位、坚持社会主义办学方向的重要阵地，是全面贯彻党的教育方针、落实立德树人根本任务的主干渠道和核心课程，是加强和改进高校思想政治工作、实现高等教育内涵式发展的灵魂课程。中国特色社会主义进入新时代，对高校思想政治理论课发挥育人主渠道作用提出了新的更高要求，继续打好提高思想政治理论课质量和水平的攻坚战，坚持不懈传播马克思主义科学理论，讲清讲透习近平新时代中国特色社会主义思想的时代背景、重大意义、科学体系、精神实质、实践要求，全面推动习近平新时代中国特色社会主义思想进教材、进课堂、进学生头脑，打牢大学生成长成才的科学思想基础，引导大学生树立正确的世界观、人生观、价值观，不断提高大学生对思想政治理论课的获得感。

（一）明确指导思想

高举中国特色社会主义伟大旗帜，以马克思列宁主义、毛泽东思想、邓小平理论、“三个代表”重要思想、科学发展观、习近平新时代中国特色社会主义思想为指导，全面贯彻党的教育方针，落实立德树人根本任务，把高校思想政治理论课教学工作摆在更加突出的位置，更加重视加强和改进教学管理，更加重视提升教学质量，不断提升思想政治理论课的亲和力和针对性，全面推动习近平新时代中国特色社会主义思想进教材、进课堂、进学生头脑，牢固树立“四个意识”，坚定“四个自信”，培养德智体美劳全面发展的中国特色社会主义合格建设者和可靠接班人，培养担当民族复兴大任的时代新人。

（二）坚持基本原则

（1）坚持正确政治方向，强化思想政治理论课价值引领功能；（2）坚持全流程管理，贯穿思想政治理论课课前、课中、课后各环节；（3）坚持规范化建设，不断健全思想政治理论课教学工作制度；（4）坚持增强获得感，促进思想政治理论课教学有虚有实、有棱有角、有情有义、有滋有味。

（三）严格落实学分

本科生“马克思主义基本原理概论”（以下简称“原理”）课 3 学分、“毛泽东思想和中国特色社会主义理论体系概论”（以下简称“概论”）课 5 学分、“中国近现代史纲要”（以下简称“纲要”）课 3 学分、“思想道德修养与法律基础”（以下简称“基础”）课 3 学分、“形势与政策”课 2 学分。专科生“概论”课 4 学分、“基础”课 3 学分、“形势与政策”课 1 学分。硕士研究生“中国特色社会主义理论与实践研究”课 2 学分，同时须从“自然辩证法概论”课和“马克思主义与社会科学方法论”课中选择 1 门作为选修课程，占 1 学分。博士研究生“中国马克思主义与当代”课 2 学分，同时可开设“马克思恩格斯列宁经典著作选读”课（列入学校博士生公共选修课）。鼓励各地各高校结合实际开设思想政治理论课选修课。从本科思想政治理论课现有学分中划出 2 个学分、从专科思想政治理论课现有学分中划出 1 个学分，开展本专科思想政治理论课实践教学。学生既可通过参加教师统一组织的实践教学获得相应学分，也可通过提交与思想政治理论课学习相关的实践成果申请获得相应学分。网络教学作为思想政治理论课的辅助手段，不得挤占课堂教学时数。

（四）合理安排教务

思想政治理论课各门课程应有序衔接，原则上本科生先学习“基础”课、“纲要”课，再学习“原理”课、“概论”课；专科生先学习“基础”课，再学习“概论”课；本专科生每学期必修“形势与政策”课。原则上晚间和周末不安排思想政治理论课必修课。应避免教师周课时安排过于集中。应综合考虑学生的专业背景而组织思想政治理论课教学班，积极推行100人以下的中班教学，大力提倡中班教学、小班研讨的教学模式，逐步消除大班额现象。

（五）规范建设教学室（组）

本专科思想政治理论课教学应按课程分别设置教学室（组），研究生思想政治理论课教学可结合实际设置教学室（组）。思想政治理论课教学科研二级机构的所有教师都要明确所属教学室（组），承担相应的思想政治理论课教学任务。教学室（组）具体负责本课程的教学管理工作。按照师生比不低于1∶350的比例设置专职思想政治理论课教师岗位，为每个教学室（组）配足师资。可以返聘高水平思想政治理论课退休教师继续承担一定的教学工作。本科院校按在校本硕博全部在校生总数每生每年不低于20元，专科院校每生每年不低于15元的标准提取专项经费，加强以教学室（组）为单位开展教师学术交流、实践研修等。思想政治理论课兼职教师、特聘教授，要由相应的教学室（组）规范管理。

（六）统一实行集体备课

教学室（组）要依据马克思主义理论研究和建设工程统编思想政治理论课最新版教材和教学大纲定期组织集体备课，准确把握教材基本精神，研究确定教学进度和内容，形成统一的参考教案。思想政治理论课教学科研二级机构要定期组织全员集体备课，集中研讨教学共性问题，促进各门课程有效衔接。要组织教师集中学习党中央重大方针政策和决策部署，及时将党的理论创新最新成果贯穿融入教学，充分体现课程的思想性、理论性和时效性。

（七）创新集体备课形式

要丰富集体备课载体，通过多种方式有针对性地增强集体备课效果。要组织新任职教师进行试讲，加强对新任职教师的教学指导。要组织骨干教师讲示范课，加强对其他教师的引领带动。要组织教学经验丰富的教师说课，加强广大教师对思想政治理论课教学规律的把握。要组织教师互相听课，促进思想政治理论课教师互学互鉴。要推动思想政治理论课教师在有条件的情况下兼职担任辅导员、班主任，充分了解学生思想政治状况，提高备课针对性。要注重运用新媒体、新技术开展集体备课，提升集体备课效果。

（八）严肃课堂教学纪律

要保证思想政治理论课教师在课堂教学中始终坚持马克思主义立场观点方法，在政治立场、政治方向、政治原则、政治道路上同以习近平同志为核心的党中央保持高度一致，坚定不移维护党中央权威和集中统一领导。进一步加强课堂教学秩序管理，确保学生到课率，为高质量开展教学提供保障。进一步完善对教学事故的认定及处理办法，把课堂教学纪律的要求落到实处。

（九）科学运用教学方法

要鼓励思想政治理论课教师结合教学实际、针对学生的思想和认知特点，积极探索行之有效的教学方法，自觉强化党的理论创新成果的学理阐释，努力实现思想政治理论课教学“配方”先进、“工艺”精湛、“包装”时尚。要加大对优秀教学方法的推广力度，注重用点上的经验带动面上的提升。课堂教学方法创新要坚持以学生为主体，以教师为主导，加强师生互动，注重调动学生的积极性和主动性。实践教学作为课堂教学的延伸拓展，重在帮助学生巩固课堂学习效果，深化对教学重点难点问题的理解和掌握。要制定实践教学大纲，整合实践教学资源，拓展实践教学形式，注重实践教学效果。网络教学作为课堂教学的有益补充，重在引导学生学习基本知识、基本理论等内容。要深入研究网络教学的内容设计和功能发挥，不断创新网络教学形式，推动传统教学方式与现代信息技术的有机融合。

（十）改进完善考核方式

要采取多种方式综合考核学生对所学内容的理解和实际运用，注重考查学生运用马克思主义立场观点方法分析、解决问题的能力，力求全面、客观反映学生的马克思主义理论素养和思想道德品质。坚持以闭卷统一考试为主，与开放式个性化考核相结合，注重过程考核。闭卷统一考试须集体命题，不断更新题库，提高命题质量；开放式个性化考核应具有严格的组织流程和明确可操作的考核评价标准。要合理区分学生考核档次，避免考核走形式，引导学生更加重视思想政治理论课学习。各门课程均须先学后考，不得以考代学。应优先安排思想政治理论课成绩优良的学生入党积极分子参加党校学习。

（十一）强化科研支撑教学

要引导思想政治理论课教师围绕马克思主义理论一级学科所属相应二级学科开展科学研究，凝练成与所教课程紧密相关的科研方向，深入研究课程教学重点难点问题和教学方法改革创新。要支持思想政治理论课教师将研究成果作为重要教学资源，有机融入课堂教学。要进一步完善思想政治理论课教师科研评价机制，将科研成果在教学中的转化情况作为重要考核指标。

（十二）健全听课指导制度

建立校、省、部三级听课制度。高校党委书记、校长，分管思想政治理论课建设和分管教学、科研工作的校领导，对每门思想政治理论课必修课，每人每学期至少听 1 次课；思想政治理论课教学科研二级机构领导班子每位成员，在一个任期内要对所有授课教师做到听课全覆盖。省级教育部门每学年要组织专家对属地高校开展全覆盖听课，总体上要覆盖各门思想政治理论课，并形成本地高校思想政治理论课课堂教学状况报告。教育部高校思想政治理论课教学指导委员会要组织专家开展随机听课，研制发布全国高校思想政治理论课教学状况年度报告。

（十三）综合评价教学质量

要建立健全多元评价机制，采用教师自评、学生评价、同行评价、督导评价、社会评价等多种方式，对教师教学质量进行综合评价。合理运用教师教学质量评价结果，在教师职务职称评聘标准中提高教学和教学研究占比，评价结果与绩效考核、津贴分配等挂钩，引导和鼓励思想政治理论课教师将更多时间和精力投入到教学中。可基于评价结果探索建立思想政治理论课教师课堂教学退出机制。

（十四）落实高校主体责任

高校党委书记要落实思想政治理论课建设第一责任人责任，校长要切实负起政治责任和领导责任，进一步完善思想政治理论课教学工作制度，建立健全教学督导机制，面向全体思想政治理论课教师、全部思想政治理论课课堂，全面提升思想政治理论课教学质量。高校要建立思想政治理论课教学科研二级机构牵头，宣传、教务、学工、科研、财务、人事等部门共同配合的思想政治理论课教学管理体制，建立健全教学管理制度体系，推动各类课程与思想政治理论课同向同行，形成协同效应。

（十五）强化地方统筹管理

各地党委教育工作部门要加强对属地高校思想政治理论课教学工作的统筹管理，结合实际制定政策、创造条件，消除思想政治理论课教学工作中的薄弱环节，注重从整体上提升思想政治理论课教学质量。原则上，各地都要分课程组建思想政治理论课教学指导委员会，建立教学热点难点定期搜集解答制度，组织专家深入一线精准指导，确保教学指导工作贯穿教学全过程、覆盖全体教师。要及时总结属地高校思想政治理论课教学工作经验，宣传推广教学工作先进典型，为加强和改进思想政治理论课教学工作、提升教学质量营造良好环境和氛围。

（十六）加强全国宏观指导

教育部高校思想政治理论课教学指导委员会要发挥好咨询、研判、督查、评估、培训、示范、指导、引领等作用，组织专家建好“全国高校思想政治理论课教师网络集体备课平台”，研制发布各门课程专题教学指南，加强对教学重点难点问题的研究、解答，开展精品课程教学展示活动，及时发布各门课程教学建议。要统筹好思想政治理论课教师理论培训和实践研修，加大教师的社会实践的力度。要适时开展思想政治理论课教学情况督查，推动各方面把教学管理责任落到实处。

第三章 高校思想政治理论课的教学模式

思想政治理论课的教学模式是由教学理念、教学目标、教学内容、教学组织、教学手段、教学方式、教学评估等构成要素和环节的有机结合与配置的。对教学模式的研究，有利于培养学生从整体上综合地认识与探讨教学活动中各种因素之间的关系及其多样化的表现形式，有利于学生从动态上把握教学过程的本质和规律，在指导实践和理论研究中都具有重要的意义。

思想政治理论课在高校课程体系中处于核心位置，在高校通识教育体系中是其核心课程模块中的主要组成部分，是每名大学生顺利完成大学学业必须修完的重要课程。教育就是要通过一定的思想与规范去影响人和引导人，培养青年一代的道德情操和政治理想，而思想政治理论课的课程任务则集中体现了教育的本质，即立德树人，为新时代中国特色社会主义建设事业培养德才兼备之人。

思想政治理论课具有非常严密的思想逻辑系统和非常科学的知识结构体系，既有马克思主义经典理论，又有中国化的马克思主义理论；既有国际视野，又有中国特色；既有世界眼光，又有中国问题，并将历史与现实紧密结合在一起。因此，思想政治理论课教学可以利用马克思主义世界观和方法论、马克思主义中国化的优秀成果、中国历史传统与逻辑、社会主义道德观和法律基础等学理资源，在稳固大学生的历史观、政治观、道德观和世界观等价值认知层面的重要教育活动中，发挥其他课程教学无法比拟的优越功能，并在新时代的伟大征程中，不断推进习近平新时代中国特色社会主义思想进入大学生的头脑与心灵，确保其正确的政治方向和理想信念。而为了更好地体现高校思想政治理论课教学的重要价值，更好地发挥高校思想政治理论课的教学成效，加强思想政治理论课教学模式的改进和创新是一个非常重要的手段。

第一节 高校思想政治理论课教学讨论模式

一、高校思想政治理论课讨论式教学的内涵和特征

（一）阐释

高校思想政治理论课讨论式教学模式就是以学生自主学习为中心，采用学生与学生、学生与教师、教师与学生的多主体互动方式，完成教学过程、实现教学目的的一种教学模式。

1.强调学生的主体地位

在高校思想政治理论课讨论式教学模式下，学生不再是被动接受教师传授知识的客体，而是学习的主体；文本教材、网络资源不再单纯是教师授课的支持材料，而是教师教学、学生学习的共享资源；要求学生学会，更强化学生会学，即学生在教师的帮助和指导下，自主地获得相关资源，自主地消化、吸收、转化，完成知识和意义的建构与再造。

2.强调教师角色定位的转型

在高校思想政治理论课讨论式教学情境中，教师不只是文本教材及 PPT 的讲授者和演示者，而主要是学生自主学习的设计者、支持者和引领者。

教师要设计能够激发学生学习动机的主题，并对学生自主学习进行全过程的指导和帮助。对教师的教学效果进行评价的依据，将不再是看教师对课程内容讲完了没有、讲清了没有、讲好了没有，而是要看学生学会了没有、会学了没有、会自主学习了没有。对学生的学习评价不再是学生对知识的了解和掌握，而是学生对知识的理解、同化和发挥。因此，必须积极转变教师的角色定位、改变传统的教学模式，教师应从知识的授予者转变为学生自主学习的引领者；在教学模式上，应从以教师为中心的传统教学模式转变为以学生为中心的教学模式。

3.强调问题导向、主题引领，即问题本位学习

教师根据教学内容和教学目标，设计出最能引发学生学习和兴趣的问题或主题，让学生能够从自己感兴趣的问题开始，进行主动的、积极的学习。从教学过程上看，这是讨论式教学模式的逻辑起点。

4.强调协作学习

讨论式教学中的小组不同于传统意义上因教学管理需要而组成的行政性小组，而是以获取知识和能力为目标的学习性小组。这种协作学习小组是学生自主学习的基本单元。在学习小组里，每个学生都要积极主动地完成学习任务，自主地获取学习资源，并拥有自己的收获和体会；要通过学生与学生的交流，分享学习成果，完成初级层次的学习。

5.强调全方位学习互动

这是一个课堂教学的创新性重塑，以小组协作学习为基础，教师组织学生通过全班级的对话，围绕问题和主题，实现小组与小组、学生与学生、教师与学生的全方位互动，在更大的范围内展开交流和争鸣。全体学生在共享学习成果的同时，实现自我认识、自我评价、自我反思、自我升华，完成第一次深层次的学习。

6.强调教师充分发挥主导作用

讨论式教学弱化了教师的讲授，但不等于弱化了教师的主导作用。恰恰相反，教师的主导作用在更多方面需要充分强化。

第一，教师要当好“设计师”，善于设计既切合教学内容，又能激发学生学习热情、激活学生学习思维、激起学生学习兴趣的问题和主题。

第二，教师要善于帮助学生获取和收集学习资源。

第三，教师要善于引导和掌控课堂全方位交流对话的内容，以与学生平等的身份参与其中，积极进行适当的暗示、释疑解惑，积极进行必要的引导，使多向互动既坚持开放性，又保持方向性。

第四，教师要善于进行高水平的总结点评。总结点评是讨论式教学的终结性环节，也是学生的第二次深层次学习。这一环节应该由两方面构成：其一，教师对学生自主学习的全过程进行综合评价。要注意对学生自主学习的主动性、积极性和协作精神给予鼓励，对学生独到的学习成果和学习方法给予肯定，尤其是要对学生的一些奇思妙想给以

积极评价，鼓励创新思维。对于自主学习中出现的偏颇和不正确的思想观点要做耐心的、有说服力的纠正。其二，教师对教学内容进行综合讲授，这是讨论式教学中很重要的一步。这里要强调以学生自主学习为主，但不能排斥教师的讲授，并且强调教师要十分重视总结点评的讲授。要对教学内容进行高度的浓缩，做到鲜活而不苍白，生动而不呆板，亲切而不生硬；要具有强大的理论穿透力，以丰富的思想内涵和引人入胜的语言魅力，激发学生的思想共鸣。

（二）内涵与特征

当前，高校思想政治理论课讨论式教学研究存在不顾国内高校思想政治理论课教学实际和教学条件、过于理想主义等问题。在 20 世纪 80 年代，何正斌教授开展思想政治理论课讨论式教学，将讨论式教学分为初级、中级和高级三个模式，且对每个模式进行了详细阐述。目前，我国高校思想政治理论课讨论式教学基本处于初级阶段，而在高年级本科生和硕士研究生中部分高校开展了中级讨论式教学。

鉴于国内高校思想政治理论课学时数量、教学规模、教师格局等实际，与其他讨论方式相比，发言式讨论为最佳选择，其中的理想模式是分组讨论，人人发言、层层深入。但分组讨论也有缺陷，对于大班的教学分组，教师只能参与其中一组的讨论，没有教师指导和监督的讨论是不能称之为讨论式教学的。此外，受到教学场地的限制，分组讨论的可操作性受到限制，因此最好的选择就是发言式讨论。

在当前国内高校教学条件、大学生思维特征和行为模式、新媒体普及和信息化发展等条件下，高校思想政治理论课讨论式教学呈现下列特征。

第一，在高校学生绝大部分是专科生和本科生的情况下，讲授式教学依然是教学的主要途径，讨论式教学在实际教学实践中只能占据课堂教学的一部分，教师们应该合理地安排其在课堂教学中的比例。

第二，在大班授课和教室规模等制约下，思想政治理论课讨论式教学不可能做到全体学生都发言、每次课都分组讨论，而只能是以学期为单位，根据安排的讨论课次数，对学生进行时间分组，让部分学生成为某一次课的正式发言者，其他学生成为提问者或者评论者，进而进行不充分但有意义的课堂讨论。

第三，讨论应该是自由与底线的统一、民主与集中的统一、学生主体与教师主导的统一，教师要充分发挥政治指导、学术引领、纪律监管等主导作用。

二、高校思想政治理论课讨论式教学的影响因素

在我国，开展高校思想政治理论课讨论式教学，必须客观真实、全面系统地把握现实基础，特别是要掌握好讨论式教学的具体要求。

（一）政治教育基础

当代中国高校思想政治理论课的任务是围绕马克思列宁主义、毛泽东思想、邓小平理论、“三个代表”重要思想、科学发展观、习近平新时代中国特色社会主义思想来开展的，特别是要用习近平新时代中国特色社会主义思想武装大学生的头脑，用党的基本理论、基本路线、基本纲领和基本经验教育大学生，使他们认识到人类社会的发展规律、社会主义的建设规律和中国共产党的执政规律，坚定在中国共产党的领导下实现中华民族伟大复兴中国梦的共同信念。

政治教育与其他教育相比有自己的特点，特别是与科学教育、艺术教育相比，政治教育的特点更加明显：科学教育、艺术教育更多的是强调存同求异，强调彻底创新；而政治教育更多的是强调存异求同，强调理解、认同和执行。

作为政治教育的高校思想政治理论课，对讨论式教学的要求和制约是多方面的。其一，各大高校鼓励甚至要求在思想政治理论课中开展讨论式教学，因为切实的讨论能够让学生增加对社会情况和他人意见的了解，增强参与的责任感，提高概括、表达、沟通等方面的能力，提高对课程内容的理解和认同。其二，思想政治理论课作为政治课程，也作为帮助学生构建世界观、人生观、价值观，培养中国特色社会主义建设者和接班人的重要课程，对于讨论的自由度有明确限制，不仅有四项基本原则的制约，而且有很多其他的限度要求。因此，讨论议题设置、材料选用、立场选择、方法偏好、观点呈现等，都应该有正确选择，不能盲目，更不能出现错误的立场和观点。高校思想政治理论课讨论式教学的整个讨论的设计、开展、调控、总结，都是在教师指导或操作下进行的，所以对教师的政治立场和调控能力提出了很高的要求。政治立场不正确、不坚定，或者调

控经验不丰富，在讨论式教学中就容易出现问题。受到阅历、年龄、政治面貌等因素影响，极少数高校思想政治理论课教师的政治立场并不是很坚定；也有部分教师，虽然政治立场坚定，但因为经验不足，容易在讨论式教学的开展中出现问题。因此，在实际操作中，对思想政治理论课教师的政治面貌、政治立场、党性原则的要求要更高，在培训中要更加注重综合素质的培养，等等。

（二）学生群体特征

为让国家的主流意识形态内化于大学生的心中，促进大学生自身的发展，开展的思想政治理论课讨论式教学就必须考虑到大学生的群体性特征。

1.年龄特征

大学时代正处于学生的青年时期，此时的学生具有青年的典型特征，即喜欢学习、存在逆反心理，喜欢有创意的东西、非常有个性等特性在这个阶段表现得最明显。因此，如果单纯依靠或者主要依靠传统讲授方式开展高校思想政治理论课教学，实际效果必然会大打折扣，这就要求在实际的教育教学工作中，必须开展一定比例的讨论式教学。一方面，可以让讨论式教学充分发挥其不可替代的积极作用。另一方面，可以对讲授式教学进行有效的调剂和补充，让学生能够在讨论中对讲授的课程有更加深刻的理解，提高讲授式教学的教学效果。并且，很多青年会因人生阅历有限、政治知识相对不足等问题，其对于党和国家的理论、政策认识的系统性和深入性不足，对有些难以理解的理论问题和社会问题的看法易流于简单或者走向极端。而通过学生小组间的讨论、学生与教师间的讨论，加强了沟通与交流，不断促进学生对理论知识的掌握、端正对社会问题的看法，这就进一步体现出课堂讨论的必要性和教师在教学过程中积极引导的必要性。

2.时代特征

当代中国大学生有着鲜明的时代特征。大学生群体来自不同的社会阶层，其家庭环境、教育背景、民族地域特色等也都不同，大学生的阶层结构实际上是中国社会阶层结构的同步反映，这就使得社会阶层多元化的思想意识在大学生身上有着比较真实的映现。同时，一部分学生由于家庭等原因，有着比较广泛的社会接触，有些学生还有海外的生活阅历，学生们的意识形态受到多方面的影响，而其中有些意识形态是有问题的，思想是消极的。这些实际情况都需要高校思想政治理论课教师在开展讨论式教学的过程中，坚持积极、正面的立场、观点和态度，充分佐证正面观点，充分展现中国道路、中国制度等的优势；这就要求教师有坚定的政治立场，对讨论式教学内容的设计和实际开展有较强的把控能力，以确保教育教学工作政治方向的正确性及教学成果的实效性。

3.文化特征

经过多年的学习，学生在进入大学时已经具备一定的文化知识储备，此时开展思想政治理论课教学内容的专题讨论是可行的。我国高校思想政治理论课的很多具体内容，都是以人类长期以来的大量的社会实践经验为基础的，大学生虽已具备一定的文化，但此时的文化层次还是有限的，所以高校思想政治理论课教师就要合理安排讨论教学的内容与课时，积极引导学生正确、有效地开展思想政治理论课的讨论。

（三）媒体发展状况

在信息化时代，互联网、新媒体等蓬勃发展，其内容丰富、便于操作、信息传播速度快，正逐渐成为学生获取大量信息的主要渠道。但与此同时，由于互联网的快速发展，其信息来源较多，学生在浏览时易于获取一些虚假的、错误的信息，对其政治思想、政治态度产生不良影响。当然，这客观上也为讨论式教学提供了诸多便利。实际上，在大班教学的讲授式课堂上，很多学生都把心思放在了手机上，对于教师所讲的内容关注度不高，课堂教学效果不理想。而采取讨论式教学法教学，可以增强学生的参与意识，学生也可以通过互联网来查询相关的知识，能够调动学生参与的积极性。因此，讨论式教学必须适应时代的特征，充分考虑信息化因素和学生的信息化需求，积极将不利因素转化为改进和推动讨论式教学的力量，进而促进高校思想政治理论课的教学。

三、高校思想政治理论课讨论式教学的理论支撑

无论在哪种领域，理论都是在不断的实践中一点点升华总结出来的，但同时，实践也必须拥有一定的理论支撑，否则就容易陷入停滞不前、茫然无措的境地。对思想政治理论课讨论式教学模式的理性探讨，能够帮助人们克服实践的盲目性。

（一）哲学依据

在一切事物的矛盾运动中，内因是变化的根据，外因是变化的条件。外因通过内因起作用，促进事物的矛盾运动，进而发展成事物的变化。辩证唯物主义的这一基本哲学观点，恰恰是讨论式教学模式最基本的理论依据。高校乃至各级各类学校的教育教学活动，其终极目的是造就学生，是促进和促成学生从无知到有知，从知之不多到知之甚多，从人生意义的不正确、不成熟、不稳定到逐步正确、成熟、稳定。从哲学的角度解读，在教与学、教师（教育者）与学生两者构成的矛盾共同体中，学生是内因，是矛盾的主要方面。施教者施加的一切影响，只有通过教育者自身的体验，才能发挥作用，才能引起教育者自身的矛盾运动，促进和促成其智力及心灵的成长。讨论式教学模式正是顺应了这一哲学规律，在教与学的活动中给学生以更多的时间和更大的空间，在外因的作用下，内因发挥作用，自主获得学习资源，自主消化领悟，并在协作互动中自我净化、自我完善、自我革新、自我提高，提升和充盈精神世界。

（二）现代教育理论依据

中国有着悠久的教育历史和丰富的教育思想。改革开放以来，随着经济社会和教育事业的发展，我国学界专家及教育工作者开展了深入的教育研究，中国特色的现代教育理论逐步形成。现代教育理论研究表明，在教育结构中，教育者与受教育者存在一种非同构性矛盾关系。从施教角度讲，教育者承担着造就人、造就社会所需的各级各类人才的责任，表面上属于授受主体，受教育者属于授受关系体、处于客体地位。但从本质上讲，受教育者才是教育目标、教育使命的最终承载者和体现者，才是一切教育教学活动中的真正主体。在一定时期内，政府、教育部门、学校及包括教师在内的教育工作者，对教育的这一非同构性矛盾关系缺乏了解和认识。体制上的制约、观念上的误区和行为上的滞后，导致在教育实践中长期固守以教材为中心、以教师为中心、以讲授为中心的教学模式，学生的自主性、主动性和超越性被忽视和压抑。讨论式教学模式对课堂教学进行了革命性的创新和重塑，在教师发挥主导作用的同时，充分体认和顺应学生的主体地位、主体价值和主体性。

（三）构建主义理论依据

目前，在高校各学科教学中，都在进行讨论式教学模式的探索和实践，积极改革“三个中心”模式，重塑课堂教学，并取得了较好的教学效果。需要申述的一个重要观点是：相对于其他学科而言，讨论式教学模式在高校思想政治理论课教学中的应用具有更大的契合性和必要性。

（四）人性学是讨论式教学模式具体应用的出发点

高校思想政治理论课大体包括思想品德课、法律基础课、形势与政策教育课、毛泽东思想与中国特色社会主义理论体系概论课。马克思主义哲学基本原理等课程，因学校与学生层次不同，其开设情况有所区别。在这些课程的教学中，对学科知识的传授是必要的，但更其重要的教学目的在于涵养人的德性、完善人的人格、实现人的精神再造，培养和引领学生树立正确的世界观、人生观和价值观。与其他自然、人文学科相比，高校思想政治理论课具有更强烈、更突出、更浓重的人学性。基于这一学科特质，教学活动不可以不传授知识为主旨，不可以教师讲授为中心，而必须引导和帮助学生通过自主学习，实现“我”与文本的融合，在学习中反照自我、调整自我，自觉主动地完成知识和人生意义的重构。

长期以来，我国高校思想政治理论课教学效果一直处于低微状态，究其原因，重要的一条即是忽视了思想政治理论课是涉及人的生命意义、涉及人的精神活动本身的特殊学科。在教学方法上，存在普遍的灌输现象，学生被当作浇灌的对象；在教学目标上，存在普遍的智育化，对学生的学习评价以考试成绩为标准，弱化了人的培养与造就；在教学内容上，脱离学生思想和生活实际，往往使教学陷入空洞说教。由此，使本来与人的意义世界相关的思想政治理论课成了“人学”的空场，成为存在于主体之外的力量，导致学生对此课程不感兴趣，甚至排斥该课程。讨论式教学模式革除了高校思想政治理论课教学中的这些弊端，使学科教学回归到以人为本、以生为本的价值维度。

四、发言式讨论教学的环节和要求

发言式讨论，以学生的发言为讨论的主要内容和环节，兼顾提问、回答、争论、评论等其他环节。在实际教学中，能够以发言方式参与的学生数量有限，能够以提问、争论、评论等形式进行中度参与的学生数量也很有限，绝大部分学生只能被动地低度参与。因此，发言式讨论组织的重要工作之一，就是选择参与者，特别是发言人。

发言式讨论，主要包括发言、问答—争论—学生评论、教师点评等几个环节，每个环节都有基本的要求。发言是讨论的首要环节。在发言式讨论课堂上，事先被安排并且做了准备的学生，根据固定顺序先后上台发言、表达观点。发言实际上是在宣读一篇发言稿，因此衡量发言质量的指标包括内容指标和形式指标。内容指标就是发言稿的质量，例如，题目是否相关、是否有针对性、是否新颖，是否有导言，结构是否清晰合理，观点是否明确深刻，材料是否充分具体，分析是否到位等。形式指标就是呈现内容的具体形式，包括礼貌程度、声音大小、普通话标准程度、表达风格的选择、抑扬顿挫情况、肢体语言的使用，甚至衣着是否得体等。

问答—争论—学生评论是讨论课的必需环节。每个学生发言完毕，应该安排两名学生提问。高水平的提问应该包括内容和程序两个指标。在内容方面，提出的问题应与发言内容密切相关，有一定难度，为听众所关注；在程序方面，必须先有背景性陈述，以便发言人理解问题隐藏的意图或重点，且原则上每人每次只能提出一个问题。发言人回答问题，应针对问题正面展开，而不能顾左右而言他。问答期间或问答之后，如果有争论，教师应予以鼓励。最后，进入第三阶段，即请两名学生进行评论。评论以评价发言内容为主，但不能忽视形式，评论应该肯定优点、指出不足。

教师点评是讨论式教学的关键环节和重要内容，是讨论式教学的基本组成部分，具有确保讨论式教学政治方向性和主题一贯性的作用。对于形式、内容等方面的不足，教师点评将对后期的教学活动的开展具有导向性作用。教师的点评包括对发言、提问、回答问题、争论、学生评论、听众行为等各环节的点评，重点是对学生发言的点评，包括对发言内容和发言形式的点评。点评应该包括简要叙述和中肯评论。评论应该充分肯定成就、概括特点、指出不足。除特殊情况外，评论应以正面鼓励为主，指出最主要问题，对瑕疵不罗列太多，以便体现气可鼓而不可泄的教育学原理。

五、实践与操作

在教学实践中，讨论式教学包括诸多具体操作。学者们一般都把它概括为事前、事中、事后三大阶段，但是对于每个阶段的具体内容，认识又有差异。下面从策划与准备、调节与控制、总结与评分三个环节开展论述。

（一）策划与准备

第一，讨论题目的选择。讨论问题的设置是一门艺术，所提的问题必须能够引起学生认知上的冲突，最好能引起学生的头脑风暴和理智挑战，必须是需要努力或者整体的合作才能探究出来的问题。

从规范上看，选择讨论问题必须正确处理问题与教材、时政、学生需求、教师专长的关系。要严格遵循教学进度、根据教学内容选择所讨论的问题，不能离开教学内容而去安排话题。只要与教学内容相关，凡是党中央的大政方针、经济社会发展的重大问题，都可以列入讨论问题。在话题较多的情况下，要选择学生感兴趣而教师又擅长的问题。

从学术上看，所讨论的题目范围不能太大，也不能太小。范围太大，不聚焦，没有深度，学生没有兴趣，会降低讨论课效果；范围太小，需要深入研究才能做出发言，不符合大学生的知识和思想层次。

第二，发言稿的准备。讨论题目选定后，要指导学生做有关准备，包括如下四个环节。一是对所讨论的问题进行一定的讲解，包括它的丰富内涵、重要意义、贯彻落实等，尤其是它的复杂性、人们可能采取的不同态度等，以便引起学生的探究欲望。二是向学生提供参考资料，或者告知学生收集资料的途径。自媒体资料和门户网站资料多如牛毛，泥沙俱下，良莠不齐，这就需要教师的指导。例如，教师可以指导学生多采用政府或者其他权威机构的资料，而不要采用那些无作者、无单位、无出处的自媒体资料。三是认真指导和严格要求即将进行发言的学生，把握每个人的选题，了解发言稿的大致框架，确保学生有成型的发言稿。对于偏离主题、范围太大、观点偏颇、结构混乱的发言稿，要指导学生改正。四是勉励不发言的学生积极阅读相关资料，思考问题，以备在提问或评论环节进行有价值的参与。

（二）调节与控制

对于讨论式教学现场的调节与控制，主要是对发言方式、讨论进度、讨论方向的调控。

第一，发言方式的调控。在没有麦克风而教室又比较大的情况下，必须提醒和要求发言人声音洪亮；要求发言人使用普通话发言，不得使用方言或外语发言。为了使发言具有可观赏性，理想的发言应该是脱稿发言。发言的风格应该以平稳的交流式发言为主，必要时可以借鉴演讲式发言，但要避免授课式发言，尤其要避免互动式发言，互动将影响讨论发言所要求的简明与紧凑。由于时间有限，原则上不鼓励发言人使用多媒体，但如有必要通过多媒体呈现观点佐证，且已充分准备的情况下，可适当使用。

第二，讨论进度的调控。调控讨论的进度，保证讨论在要求的时间内完成，是完美讨论在时间控制上的表现，必须高度重视。进度控制的难题主要包括：一是有的发言者不严格遵循教师规定的时间，在时间到了之后，甚至在主持人提醒之后仍继续发言，此时教师要坚决阻止学生继续发言，为保证公平与精准，主持人还应该精确计时。二是有的发言人回答问题时比较啰唆，主持人要及时提醒；有的评论人在评论时比较啰唆，主持人也要及时提醒；有时候还会发生争论，这有助于活跃课堂的气氛，要适度允许但也要严格把控。三是讨论方向的调控，讨论的各环节都要有话题和思想的调控。在话题的方向方面，主要是保证话题的集中性，避免偏离。有些发言的内容可能完全偏离讨论的主题，特别是在一些复杂的、容易混淆的问题上，应立即取消该发言。在提问环节，有人提出的问题与发言内容无关，教师可提示发言人没有必要回答该问题。在思想方面的调控，主要是保证政治方向的正确性。一般来讲，当代大学生的政治觉悟较高，在极其重要的政治问题上不会出问题，但在一些相对具体的思想政治问题上有出现偏颇的可能，教师应该及时发现这类问题的苗头，及时予以纠正和引导。

（三）总结与评分

讨论结束后，教师应言简意赅地对发言式讨论进行总结性评论。评论应该从整体上对于发言、提问—回答、争论、评论、听众表现等方面的表现进行点评。例如，在发言方面，事先的准备是否充分，发言内容的选题是否集中、论述是否深入，发言形式是否优秀，哪几位同学的发言表现最好等；在问答方面，整体问题的质量如何，对问题的回答是否有针对性、是否精彩；在评论方面，学生的评论水平如何，特别是评论涉及的方面是否足够，是否抓住了问题的关键，评论是否准确等。如果讨论过程出现过争论，教师也要对此进行点评，而且应主要是肯定和表扬；在对听众表现的评论方面，要给予充分肯定，对于玩手机、打瞌睡等开小差的学生，应予严肃批评。

讨论式教学是严肃的教学形式与过程，应该进行科学合理的分数评定。事先应该向学生公布评分标准，让学生有明确的预期，便于遵循。对于每次的发言式讨论过程，要做好记录。

形式和活动的具体表现为学期结束时计算总体成绩奠定了数据基础，有助于提高学生参加讨论的积极性，并提高讨论课的水平。考虑到并不是每名学生都有机会发言，也不是每名学生都有机会提问或者评论，为了保证每名学生在讨论环节都有一定的成绩，教师可以考虑：凡是不愿或没机会发言、提问或评论的学生，必须按照讨论的内容撰写发言稿，就自己所在的讨论小组的某个发言内容，以书面的形式提出问题，或以书面的形式点评某个发言。

在思想政治理论课教学中熟练运用讨论式教学，可以使学生在思想政治理论学习的过程中，激发理性思维、享受讨论式教学带来的思想上的自由和精神上的愉悦，可以使学生的主体地位得到充分的尊重，充分发挥参与精神，锻炼独立思考和思维创新意识，强化团结合作、沟通理解、交流等多方面的能力。讨论式教学是对传统的授受式教学的一种挑战和反叛，是新的课程理念的一种体现。更重要的是，它能使教师在教学的过程中重新定位，积极转变角色，激发学生在讨论中的民主意识，逐渐树立起自我意识、主体意识和自信精神。

在思想政治理论课教学活动的实际操作中，课堂讨论式教学多被当作一种教学方法来研究。随着教学实践的发展，尤其是高校教学改革的深入，讨论式教学模式作为不同于简单的课堂讨论方法的一种富有生机、富有实效的新型教学模式，正越来越受到思想政治理论教育工作者的重视和大学生的欢迎，在当今的人文社会科学学科教学中发挥着越来越重要的作用，成为高校思想政治理论课教学不可或缺的一种教学模式。

第二节 高校思想政治理论课互动式教学模式

高校思想政治理论课承担着传播马克思主义主流意识形态和引导大学生树立社会主义思想道德的重要价值功能，不仅要对学生进行马克思主义的教育，而且要坚持从学生出发，善于引导学生理论联系实际，学会用马克思主义的立场、观点分析问题和解决问题。这就需要寻求高校思想政治理论课教育发展的新突破，探索教学改革的新步伐，努力探求提高教学质量与水平的新型教学模式。而互动式教学方式的深入开展和推广，正好符合了高校思想政治理论课改革发展的需求。

一、高校思想政治理论课互动式教学的内涵与特征

（一）内涵

互动式教学是一种从改变传统教学模式下的师生关系、教学组织形式和评价方式为切入点，而构建起来的教学模式。它是在教师创设的一定的教学情境下，师生双主体之间平等地进行沟通、交流和对话，以达到双方知识、能力、情感、思想观念、价值取向等多方面的影响和相互作用，进而激发学生的积极性和主动性，促使教师在教学相长中提升教学科研水平，从而提高教学质量和效果。

这是教学本质的体现，是在协调好师生、生生和教学环境之间关系的情况下的“教”与“学”的共生与共长。这种教学方式不仅是一种动态的、发展的过程，而且是师生双主体之间进行的心灵与心灵的碰撞、生命与生命的交流的过程。

（二）特征

互动式教学是“教”与“学”的有机统一，是师生双主体之间的互动。在高校思想政治理论课中的互动是“教”与“学”的有机统一，它不是单向的教学传授，而是师生在“教”与“学”两个范畴中相互启发的过程。教师在课堂上通过与学生的双向交流，

激发学生的问题意识，加深学生对问题的理解，使得学生在已有知识的基础上进行更深入的思考，从而发现问题、解决问题，特别是形成自己对问题的独特见解。在这种师生双主体之间的双向互动中，教师也能够教学相长，借助于问题纽带，与学生一起互相启发、共同提高、共同进步。此外，这种互动应该做广义的理解，不能仅仅局限为教师与学生之间的互动，还应该包括教师与教师之间、学生与学生之间、教师与学生之间、师生与社会之间的状态。

这样，就将活跃课堂定位在思维层面的“动”上，哪怕有一段时间整个课堂很安静，但只要学生的思维一直处在高速运转的过程中，那么这种思维的活跃就是真正的“动”。真正的“神动”是让学生的思维处于一种积极状态，让学生在思想的碰撞中产生知识的增值和创新的火花。另外，互动式教学不仅要兼顾“形动”和“神动”，而且要做到“形散而神不散”，即教师可以采取多种方式让学生动口、动手、动耳、动眼，使得课堂变得生机勃勃；更重要的是，要在真互动中做到动心、动脑，让学生通过合作探究，在学习中实现知识的增加、能力的提高和综合素质的提升。

二、影响高校思想政治理论课互动式教学的因素

既然在思想政治理论课的实际教学过程中，教师、学生和教材文本是三个终极因素，因此影响高校思想政治理论课课堂互动的因素也主要是这三个方面。由于教材文本具有权威性，不可变动和更改，而且相对抽象、深奥难懂，那么真正影响课堂互动的因素就要从教师、学生和具体的互动方式入手。总的来说，影响高校思想政治理论课课堂互动的因素主要包括三个方面。

（一）教师的影响

教师自身的素质状态是决定性的因素。根据教材的实际特点，对于教师而言，就要有极强的政治敏锐性、坚定的马克思主义信仰，要有信心、有正能量，这样才能积极传播理论知识，正确引导学生。广大的思想政治理论课教师不仅为要自己的人生担责，而且也在为学生的人生承担着责任，高校思想政治理论课教师肩负着培养社会主义事业合

格建设者和接班人的伟大使命，所以建设一支专兼结合、功能互补、信仰坚定、业务精湛的教师有重大意义。因此，广大思想政治理论课教师应做到如下四点：一是要充分备课，深入挖掘教材，有广博的知识和敏锐的思维，能做到将各种知识融会贯通，对各种情况及时掌握。二是要真诚地倾听和接纳学生。课堂互动不能局限于表面热热闹闹的形式，而是要深入学生的内心。三是要改变自己的“权威”思想，要学会倾听学生的各种观点，与学生平等地沟通和交流。四是要在互动调控中做到客观公正、详细具体，对学生的发言及时、准确、客观地给出点评，避免笼统、简单的评价，要真正调动起学生参与的积极性。

（二）学生的影响

学生是关键性因素，直接决定着课堂效果的好坏，无论何种专业、何种层次的学生，都要有关心民众、胸怀天下的远大抱负与追求真理、实事求是的求知态度。在教学互动中，学生要敢于发表自己的观点，即使有不同观点、有争论，敢于发表观点也是一种学习能力的锻炼和提高；要学会倾听他人的观点，虚心接受他人的意见，注意团体意识和大局观念的培养；要抓住主流，学会从一定的高度看待问题；要及时做好理论知识的转化和吸收，更重要的是要把正确的思想理论转化为日常行为的准则。同时，学生的学习状态也是与教师的引导和带动密不可分的。

（三）互动方式的影响

不同的教学互动方式会产生不同的教学效果，每一种互动方式都存在着不确定性。因此，从互动的设计、互动内容的选择，再到互动过程的调控，教师都要精心准备、及时把控，否则就难以达到预期的效果，尤其是对一些讨论方向的把握和总结、对一些视频资料的深入分析，如果教师没有及时点评、总结和深入把握，整个互动过程就可能让学生感到流于形式，没解开其困惑，不知所云。

综上所述，教师的作用是决定性的。因此，高校思想政治理论课教师必须提高自身的理论素质、综合素质与能力，否则将无法驾驭课堂或难以发挥课堂应有的教学效果。

三、高校思想政治理论课实施互动式教学的积极意义

（一）是培养学生学习兴趣的需要和提升教师专业素养的需要

新时代大学生有许多共性的特征。总体上，他们个性张扬、乐于表现，思想活跃、拥有的信息量比较大，喜欢有自己的独立空间等。这些特点要求教师在教学中突显学生的主体地位，给他们表现的机会，使他们的个性能够得到张扬，能够体现出自身的价值。同时，还要尊重学生的心理需求，不要强行灌输知识，要给他们提供探索的空间，让他们体会到学习的乐趣。互动式教学正好符合了这种需求，可以让学生在思想碰撞思想中、在思维激荡中大胆提问、大胆质疑、大胆表达，从而可以使学生积极主动地参与课堂教学，让他们带着学习热情和学习兴趣自主学习、主动学习。

此外，教师要正确发挥自己的主导作用，必须具备较高的教学和科研水平，具备良好的专业素养。在一个教师的职业生涯中，教和学各有其重要地位，作为教师，不仅要善于学，而且要把教学作为自己学习的重要手段和途径。

在互动式教学中，教师与教师之间在集体备课、互相听课与评课中可以共享教学资源，相互借鉴不同的教学方法，还可以深入探讨互动性问题，从而取长补短、共同成长进步、共同提升专业素养。另外，教师与学生之间的互动，也能够实现教师的教学相长。在教学中，教师在被提问与反馈意见中可以获得启发，得到灵感，发现新的教学方式和教学思路，这对改进教学方法，提高教学和科研水平，提升专业素养大有裨益。

（二）是提高教学质量、教学效果和打造高校课堂的需要

高效课堂，是高效型课堂或高效性课堂的简称，是指教育教学效率或效果能够有相当高的目标达成的课堂。具体而言，是指在有效课堂的基础上，完成教学任务和达成教学目标的效率较高、效果较好，并且取得教育教学的较高影响力和社会效益的课堂。高效课堂是有效课堂的最高境界，高效课堂基于高效教学。根据这一概念，高校思想政治理论课互动式教学，一方面可以实现效率的最大化，另一方面可以实现效益的最优化。

互动式教学课堂正逐渐从关注知识，发展到关注获得知识的途径、方法、能力，关注人的可持续发展和精神成长，关注人本身。因此，实施互动式教学的高校思想政治理

论课课堂，逐渐变得生动起来、饱满起来，教学质量和效果也得到了提高。

四、高校思想政治理论课互动式教学的实施路径

（一）准备环节

1.确定互动教学目标

高校思想政治理论课互动式教学的顺利、有序开展，离不开明确的教学目标的确定。因为教学目标不仅决定着教学行为，而且还是教学评价的依据，它既是教学的出发点，又是教学的归宿。高校思想政治理论课承担着对大学生进行系统的马克思主义理论教育的任务，是大学生思想政治教育的主阵地和主渠道，是培养中国特色社会主义事业的合格建设者和接班人的重要途径。因此，在确定教学目标时，不仅要关注知识与技能目标、过程与方法目标，更要关注情感、态度与价值观目标。

2.创设互动教学情境

互动式课堂需要的是教师的“润物细无声”和“春风化雨”。教师要在平等的师生关系基础上，尽量营造出宽松、和谐的教学氛围，通过多媒体的视频音频资料、丰富的教学案例、让学生进行表演或相关描述等方式，创设一定的互动教学情境，从而使学生不仅在行为上主动参与课堂，而且在情感上进行了积极体验，这样，学生的思维才会被激活，才能够主动探究问题，积极寻找解决问题的方法。

（二）实施环节

1.设置互动教学问题

现代教育心理学研究指出，学生的学习过程不仅是一个接受知识的过程，而且也是一个发现问题、分析问题、解决问题的过程。因此，在高校思想政治理论课互动式教学过程中，教师应该根据教学的重难点、疑难点或者时事热点，来设置互动式教学问题。在互动中进行问题探究，有助于学生情感的发展和思维能力的培养，会提高学生分析问题和解决问题的能力。需要指出的是，教师设置的问题既不能太浅显，又不能太深太难，问题要具有思考和启发意义，要能够激发学生的求知欲望，要给予学生一定的思维发展

空间，让学生体验解决问题的探索过程。

2.灵活运用各种互动教学方法

教无定法，贵在得法。在课堂教学中，教师应该根据教学目标、学科特点、教材内容和学生的实际情况，量体裁衣地选用多种互动模式。在高校思想政治理论课中，常用的互动教学方法有讨论法、辩论法、演讲法、案例教学法、课本剧表演法、新闻播报法和合作探究法等。对于不同的学科，教师可以根据学科特点和课程需要，选取一种或几种有特色的互动教学方法。例如，对于思想道德修养与法律基础课，可以选取有时代特色的选题让学生进行演讲或辩论；对于马克思主义基本原理课，可以让学生阅读经典著作后，在学生与学生之间、学生与教师之间进行讨论，共同学习和理解；对于中国近现代史纲要课、毛泽东思想和中国特色社会主义理论体系概论课，可以让学生进行历史革命剧的表演，可以鼓励学生拍摄微电影，大家一起研究和探讨；对于形势与政策课，可以选取时事政治热点问题进行案例式教学。此外，高校思想政治理论课互动式教学方法的应用不应限制在课堂教学中，还应该将课堂延伸到课外、伸入社会，进行综合实践教学。

（三）评价环节

1.注重对互动教学过程的评价

传统的教学评价过于注重结果的终结性评判，而忽视了对学习过程的关注，忽略了对人的生命存在及其发展的整体关怀，不利于对学生学习积极性和创造性的激发，学生自主学习、自主发展的能力与品质得不到应有的训练与培养，制约了学生的个性健康发展。因此，在互动式教学中，要特别注重教学过程评价。高校思想政治理论课教学的功能不仅仅是传授知识，更重要的在于提高学生的思想政治素质和道德素质，在于教育学生、引导学生学会如何做人、如何做事。而在互动式教学过程中，只有学生主动参与到教学过程中，自觉地选择接受马克思主义，选择接受毛泽东思想和中国特色社会主义体系教育的时候，思想政治理论课教学才能真正收到实效。因此，教学评价就要关注教学过程和学生的学习过程，关注学生的主体性是否得到发挥，注重学生的课堂参与程度，注重引导学生以适合自身的学习方式来学习，从而帮助学生形成正确的世界观、人生观和价值观。

2.注重对互动教学成果的评价

在课堂教学结束之后，一方面，教师要进行自评，要反思本次课程是否达到了预期的目标、是否取得了良好的教学效果，要关注学生是否掌握了重难点、能力是否得到了提高、情感态度和价值观目标是否得到了提升。另一方面，整个互动式教学还要接受学生、教师组和学校的评价。

学生对教师的教学活动要有一个评价，教师上课时是否概念准确、条理清晰、逻辑性强，教师讲课是否有特色、是否做到了师生交流顺畅。教师与教师之间要进行互评，教师是否内容熟练、突出重点、讲清难点，是否更新教学内容，引入学科前沿问题。此外，教学活动还要接受学校的评价，即教师是否做到严格要求、教学时间是否合理支配、是否按照计划和进度完成了课堂教学任务、学生听课情况是否总体反映良好等。所有这些，都可以作为高校思想政治理论课互动式教学成果评价的重要内容。

互动式教学在思想政治理论课教学中发挥着重要的作用。互动式教学直击生活现实，关注社会热点、难点问题，注重引导学生观察问题、分析问题、解决问题；互动式教学鼓励学生独立思考，支持学生大胆发言、大胆争辩；互动式教学能给师生创造一个互动的空间，让学生成为课堂的主角，在师生互动、生生互动中感悟真、善、美，从而进行有效的世界观、人生观和价值观教育，进而实现高校思想政治教育的目的。互动式教学改变了思想政治理论课仅依靠理论知识灌输的传统，突出了教师的引导和学生的主动作用。因此，这种教学方法有利于充分调动学生的学习主动性和积极性，有利于对学生创新精神和创新能力的培养，有利于激发教师的教学热情，真正做到教学相长。

第三节 高校思想政治理论课问题式教学模式

一、高校思想政治理论课问题式教学模型基本原则

（一）问题性原则

问题性原则是指在构建以问题为核心的思想政治理论课教学模式时，突显问题意识，处处以问题为核心来设定教学目标、设计教学方法、组织教学内容、选择教学手段等。以课程教学难点与重点及学生关心的热点问题为切入口，探索相应的教学模式。以问题为核心的思想政治理论课教学模式自始至终将问题意识贯穿教学的全过程，注重培养学生发现、分辨、批判和思考问题的能力，做到转识成智。

教学过程是一种提出问题和解决问题的持续不断的活动过程。以问题为核心的思想政治理论课教学模式把发现、采集和解答学生关注的热点问题作为教学过程的重要环节，通过问题的讨论与引导，生成深层次的师生互动。我们在采集问题时，不能局限于课程教学内容所涉及的理论问题，不能本本主义，而要放眼书本之外，紧密联系学生的生活实际，以学生高度关注的热点、难点问题切入教学，抓住学生的注意力，要坚持用马克思主义基本原理深入透彻地剖析学生关注的现实问题，并能够结合相关的理论给予客观如实的解答。

（二）理论联系实际原则

以问题为核心的思想政治理论课教学模式不仅重视基础政治理论知识的学习，而且要根据学生的现实生活经验，在教学中把理论观点的阐述寓于社会生活的问题之中，使教学始终关注学生的所思、所感、所悟，帮助学生解决在学习生活中遇到的各种涉及世界观、人生观及价值观的问题，从而使学生真切地感受到学习思想政治理论课对他们的积极意义。因此，以问题为核心的思想政治理论课教学模式在提高学生运用马克思主义基本原理分析问题和解决问题的能力的同时，可以帮助学生增强分辨是非和适应社会变

化发展的能力。

理论联系实际是马克思主义的一个基本原则，是搞好思想政治理论课教学的基本要求和根本原则。思想政治理论课的许多课程理论都是在实践中产生的，只有联系实际，才能教好学生，因此课程教学也一定要联系社会实践和学生的生活实际，用先进的理论知识指导学生的生活实际，以鲜活的生活经验深化学生对理论知识的理解，这样才能激发学生的学习兴趣，也才能真正掌握课程的理论知识，并提高运用课程知识分析问题和解决问题的能力。

教师能否做到增强教学内容的现实性和针对性，直接关系到学生对马克思主义理论的理解和运用，将会影响到他们学习马克思主义理论的自觉性、主动性和积极性。在实施以问题为核心的思想政治理论课教学模式中，教师在对重要理论透彻理解、熟练把握的前提下，要把远离现实的抽象原理问题化，与学生生活中感到疑惑的问题结合起来，实现理论与实践的对接，通过层层剥离，找到理论与实践之间的联系点，引导学生在对问题的解决过程中学习理论知识，接受思维训练，使学生由过去的被动接受知识的受体转变成教学过程的主体，积极地参与教学过程。

（三）探究性原则

探究性教学是指在教师的指导下，学生主动地从生活中选取与教学内容相关的问题，用类似于科学研究的方式去解决问题的教学活动。它除了具有教学的一般属性外，突显了探究的性质。探究性教学系统主要包括学生与学习环境的探究系统、学生与教师的交往系统、学生与学生的合作系统、教师与学习环境的调设系统四个子系统。探究性教学的教学目标是学生的自我探究、自我调控、主动参与和主动学习。

探究性教学围绕问题展开，教师的主要任务是为学生的探究创设一个引人入胜的问题情境，以情境启动学生的思维活力，以问题激发学生的探究兴趣。探究性教学的实质是充实学生的精神生活，引导学生自我探索和发现真理，是主体生命活动的自我展开，是教师教学实践智慧施展的过程。探究性教学摒弃了传统的以教师为中心、以知识为中心和以课堂为中心的教学模式，构建了以学生为主体、以能力为中心、以活动为重点的教学模式。但是，这种转变并非对教师主导作用的舍弃，而是对教师提出了更高的要求，要求教师以问题为中心来设计和组织教学，注重加强学生参与探究的积极性，注意对学生的引导启发与提示点拨。

探究性原则要求思想政治理论课教师在教学中不能简单地通过灌输的方式把书本上的结论告诉学生，而应该以实践中提炼出的问题为基础，指导学生运用正确的原则和方法对问题进行探究，通过一系列探究的过程自己得出正确的结论。

（四）发展性原则

从现代教育的本质上讲，一切教育教学都必须以学生发展作为根本出发点和最终归宿，以问题为核心的思想政治理论课教学模式着眼于学生成长、发展的需要，为其终身发展奠定思想政治素质基础，即高校思想政治教育要以大学生全面发展为目标。

马克思主义关于人的全面发展学说，是我们构建以问题为核心的思想政治理论课教学模式的重要理论依据，实现人的自由全面发展是马克思主义的最高价值目标，是指一个人的智力和体力要尽可能多方面地、充分地、自由地、和谐地发展。

当前，虽然发展性教学理论面临一些质疑，但它仍具备强劲的理论活力与实践基础。虽然这一理论最初主要是针对中小学教育而提出的，但如今它的影响已经渗入高等学校的教育教学中，在高等学校的教学理论研究中，探讨发展性教学的文献已有很多，基于发展性教学理论的高等学校教学实践活动更是如火如荼。

发展性原则要求以问题为核心的教学模式着眼于学生在知识、能力和个性等方面的协调发展，强调学生在自身发展中的主体作用和主观能动性，培养个性化的创新型人才。它要求教学目标从知识本位向学生本位转变，强调学生的全面发展；要求教学关系从以教师为中心向以学生为中心转变，强调学生发展的主体作用；要求教学过程从传承导向向探究导向转变，强调学生创新能力和创新精神的培养；要求教学评价从科学主义向人本主义转变，强调学生的未来发展。因此，发展性教学强调面向未来、面向学生的需求，促进学生个性的全面发展，培养具有创新精神和实践能力的高素质人才。

二、构建高校思想政治理论课问题式教学模式的基本思路

（一）更新教学理念，激活问题意识，培养学生创新能力

在知识经济时代，一个人只有具备一定的创造力和灵活解决问题的能力，才能在激烈的社会竞争中更好地生存与发展，培养具有创新能力的人才既是时代发展的需要，又是教育的重要任务，作为高等教育组成部分的思想政治理论课，既承担着培养符合社会主义现代化建设需要的“四有新人”的任务，又承担着培养创新人才的任务。

对于高校思想政治理论课教学的实效性而言，教学理念具有前提性和基础性的意义。构建以问题为核心的思想政治理论课教学模式，需要紧跟时代的发展，吸取一切有价值的教学理念，引导思想政治理论课教学实践，把单纯的知识灌输变成学生的自由探索，把知识传授变成学生解决问题的过程，把乏力的政治理论说教变成心灵的沟通和思想的碰撞，以问题为核心的思想政治理论课教学模式是实现这些转向的有效途径之一。

以问题为核心的思想政治理论课教学模式强调学生的学习自由与批判意识培养。在课堂教学中，教师一定要淡化自己在专业知识上的权威形象，与学生开展平等的对话，鼓励学生对各种问题进行探索，学生只有探讨自己感兴趣的问题，才能真正用心地投入学习。以问题为核心的思想政治理论课教学模式，对于唤起学生探求新知的冲动，有着不可替代的价值。

（二）重视教学策略，着力培养学生的创新精神与实践能力

以问题为核心的思想政治理论课教学模式，常用的教学策略主要是情境教学策略、发现教学策略和问题化教学策略。

情境教学指的是在应用知识的具体情境中进行知识教学的一种教学策略。在情境教学中，教学的环境是与现实生活相类似的问题情境，例如当代大学生的价值观、人生观和爱情观等。教学的目标就是要解决现实生活中遇到的这些问题，学生解决这些问题所需要的原理和概念，往往隐含在问题情境之中，也能够在思想政治理论课教材中找到。

发现教学又称启发式教学，指学生通过自身的学习活动，发现有关概念或抽象原理的一种教学策略。例如，针对当前出现的一些社会道德滑坡问题，可以借助某一道德冷

漠事件创设问题情境，把它呈现在课堂上，使学生在这种情境中产生道德矛盾，提出要求解决和必须解决的道德问题。

以问题为核心的教学模式，在学生创新精神的培养方面，有着特殊的功用，问题有助于学生摆脱思维定式。从众是当代大学生的一个重要心理特征，缺乏独立与创新意识、缺乏批判精神是当代中国大学生的短板，解决这个问题，以问题为核心的教学模式具有一定的优势。问题的出现，尤其是那些新颖、冲击力强的问题，往往造成某种不确定性，从而带来紧张，引起焦虑，使学生的思维处于激活状态，有助于学生打破思维定式。

以问题为核心的教学模式注重培养学生的怀疑精神，鼓励学生不要为已有的结论所束缚。实现教学策略从“独白”向“对话”的转变，对话教学要求师生在相互尊重、民主平等的基础上，以问题为核心，以学生自主探究为主要特征，以语言和非语言为中介，进行话语、精神、思想等方面的交流，不断探究和解决教学中发生的问题，旨在增进主体间相互沟通和相互理解，来发展学生的创造潜能。

（三）坚持育人为先，培养学生运用理论知识解决现实问题的能力

以问题为核心的思想政治理论课教学模式，要求我们以人为本、育人为先。思想政治理论课先是育人的课程，然后才是育才的课程，是一门育人与育才兼顾的课程。我国社会主义教育的主要目标是培养有道德、有理想、有文化、有纪律的一代社会主义新人，培养有道德、有理想、有纪律的人就是育人，培养有文化的人是育才，在育人与育才两者的关系中，育人在先，育才在后，育人比育才重要，育人与育才要兼顾。一个人，只有先成为有道德、有理想、有纪律的人，才能成为社会需要的合格的人才。

以人为本具有三层主要含义：第一，它突显人在社会生活中的主体作用与地位。第二，它强调尊重人、解放人、信赖人、为了人和塑造人。尊重人，就是尊重人的独立人格、需求、能力差异、人的平等、创造个性和权利，尊重人性发展的要求。解放人，就是冲破一切束缚人的潜能和能力充分发挥的体制、机制。塑造人，就是既要把人塑造成权利的主体，又要把人塑造成承担责任的主体。第三，它是一种思维方式与教学理念，要求我们在分析、思考和解决问题时，把个体的人放在突出的位置，关注学生的生活世界，追踪了解学生的思想发展动态，尤其注重其心理发展变化的轨迹，针对当代大学生容易发出现的心理健康问题，实施最早、最及时的有效干预。因此，在思想政治理论课

教学中，我们既关注人的共性，又关注人的个性，树立起人的自主意识。

以人为本，要求我们对教育教学中一切违背人性发展、不尊重人的现象进行反思和超越，不断推进人的全面发展，强调对人性的理解和尊重。在以问题为核心的思想政治理论课教学中，我们要充分肯定学生的主体地位和作用，关注学生的需要。

问题式教学能够帮助学生有效开展自主学习、探究学习。在传统的教学模式中，学生往往是被动地记忆、理解教师传授的知识，一般做不到敏锐地发现问题、主动地提出问题。采用问题式教学方法之后，学生慢慢地“适应”了问题，弄清了问题的解决思路，积极地寻求解决问题的方法，探求结论，自主学习。采取问题式教学，应多给学生创造一些机会，让学生亲自体验问题解决的过程与方法，注重促使学生掌握调查、观察、实验等方法和技能，注重提高学生的思维方法和思维水平。学生通过主动地动脑思考、动手操作、动口讨论、动眼观看、动耳听讲、动笔书写，独立地观察、分析、类比、联想、辨析和归纳等，可最大限度地发挥自身的创造潜能。教师可根据学生思维展示过程中的漏洞和偏差，不失时机地加以点拨。

第四节 高校思想政治理论课多学科交叉融合教学

借鉴相关学科的理论成果，运用系统的、全局的思维，来研究高校思想政治教育的质量问题。学科建设不仅有利于实现高校思想政治教育的发展创新，而且对研究者能力的提高也有着至关重要的作用。

一、高校思想政治理论课多学科交叉融合教学的必要性

（一）有利于培养综合型人才，促进思想政治理论的发展

在科技日益发展的今天，越来越多的领域都是横跨多个学科的，许多新的问题和理

念已不是单一学科所能够解决的，这就需要多学科交叉融合教学，来培养综合型的人才。而对高校思想政治理论课实施多学科交叉融合教学，有利于培养思想政治领域的全能型人才。从教学内容上来看，思想政治理论课涉及历史学、政治学、社会学等学科，综合型人才能够将思想政治理论与其他学科的知识相结合，促进自身思想政治理论的发展。

（二）有利于增加思想政治理论课的科学性和趣味性

在内容设置上，我国高校的思想政治理论课一直存在内容重复或者割裂的情况，本科生、硕士研究生和博士研究生阶段的教学内容也存在部分重复问题，这就导致学生的学习兴趣不高。此外，思想政治理论课和通识教育课同为大学生道德修养、综合素质培养的非专业化教育课程，前者注重对学生进行理想信念和道德规范方面的培养，而后者注重对学生进行实际能力和素质的培养。在教学实践中，如果将两者联合，就可以实现教育功能上的优势互补，然而在实际教学中却存在将两者割裂开的倾向。如果能够实现思想政治理论课多学科交叉融合教学，就可以有效减少思想政治理论课中重复内容的出现，并通过与其他学科的融合交叉，实现学科间的互补，增强思想政治理论课的科学性、趣味性、知识性和文化性。

（三）是我国改革开放以来的人的全面发展的需要

改革开放以来，我国传统社会的秩序及社会生活巨变使人们的心理、政治思想和道德观念发生了明显的变化，人们的思想活动越来越具有批判性、独立性、选择性、多变性和主体性。在网络媒体及国外思想的影响下，人们的思想及政治观念的差异性、群体性及复杂性明显增强。同时，我国社会主义的发展和建设也需要更多综合型的人才。我国高校的思想政治教育工作面临前所未有的严峻挑战和发展机遇，这就要求高校思想政治教育突破传统的教育框架，从多学科角度加强对学生的思想政治教育，以达到更好的教育效果。思想政治教育工作革新的步伐只有跟上教育对象思想的发展变化，反映多样化的需求，才能保证其有效性，如果仅从单学科的视角去努力，就很难全面解析和应对大学生的思想观念变化。

二、高校思想政治理论课多学科交叉融合教学面临的问题

（一）部分学科的交叉教学存在困难

人文社会科学是以人的主观世界、人的精神及人类社会为研究对象的科学。与自然科学不同，人文社会科学涉及人的价值判断、世界观和精神世界，而自然学科则更注重逻辑思维。因此，文科和理科之间的不同，使得人文社会科学和自然科学面对同样的问题时，其出发点、理解思路和解决方法都大不相同。一个学科主要对其研究对象的界定、同一性、差异性进行研究，并研究其思维逻辑和价值取向。不同的人文社会科学由于研究对象、出发点、逻辑等方面的不同，对具体问题会有不同的观点、态度和解决方法。因此，针对某些问题，思想政治教育与其他学科之间出现观点、逻辑方面的不可协调，就成为它们之间进行交叉融合教学和研究的一个难题。

丰富多元的知识体系，使得思想政治理论课与其他学科的交叉融合成为可能，但也带来了困难。思想政治学科与其他学科之间所面对的研究对象、理解思路、解决方法等具有差异性，但在价值取向即政治导向方面，思想政治学科又对其他学科有着统领性作用，因此能否有效整合交叉学科中涉及的知识，还需要进行长久的研究和判断。

（二）师资力量不足，教师进行多学科交叉教学的意愿不高

高校思想政治理论课的任课教师队伍拥有较强的多学科交叉教学和研究方面的意愿及能力，是推行多学科交叉教学的前提条件。

思想政治教育学科建设与发展，需要学科建设队伍的勤劳与智慧。但从目前的情况看，教师群体普遍缺乏多学科交叉教学的动力，这在一定程度上束缚了思想政治教育的创新发展。相对于固守原有的或指定的思想政治教育学科疆域来说，很多人认为，进行交叉学科发展，会给思想政治学科的发展带来很大风险，因此从内心排斥进行多学科的交叉融合。并且，交叉教学需要投入更多的人力、物力和财力，在思想政治理论课教师的工作量较大且经费不足的情况下，从精力和时间方面来讲，教师对于多学科交叉融合教学的意愿并不高。

从教师能力方面来讲，思想政治理论课教师队伍的知识结构不全面，这也给思想政

治教育的多学科交叉性发展带来制约。多学科交叉教学与研究需要教师对多学科知识的理解、把握及融会贯通，这是对思想政治理论课教师理论功底的考验。现有的思想政治理论课教师的专业基础大都为马克思主义理论、哲学、经济学、史学等，这些教师并非在复合型人才培养机制下成长起来的，任课教师的教学工作存在一定的专业局限性，单凭思想政治理论课教师的力量，是无法进行思想政治教育学科交叉教学任务的。虽然这一局限性可以通过团队合作的方式得到一定程度的解决，但人文社会科学研究的合作必须面对研究者主体意识的介入，对彼此学科的交叉与协同研究，都力图从自己擅长的学科领域去融合和交叉，并没有形成良好的互动合作模式，这也制约着思想政治教育交叉学科教学与研究的发展。

（三）学生情况不同，对课程的认同度存在差异

一所高校存在众多的专业，不仅有学生学力之间的差异，而且各个专业学生之间的人文基础知识并不一致，思想政治理论课作为一门公开课，教师往往需要一个人开展不同专业学生的教学任务，对于不同基础的学生，教师会应用不同的讲授方式，这也会造成学生与学生之间对课程的认同度存在差异。而实行交叉融合的教学方式，任课教师面对不同专业的学生，在教学过程中会存在很多困难。

三、多学科交叉角度下高校思想政治理论课教学的可能性

（一）多学科交叉融合不能脱离中国特色社会主义建设实践原则

高校思想政治理论课要坚守中国特色社会主义建设的实践原则，高校思想政治教育承担着为国家培养德智体美劳全面发展的社会主义接班人的任务，因此在实践过程中应当注意思想政治理论知识的传授，才是最重要的。

在坚守中国特色社会主义建设实践原则下，经过多年的理论发展，中国特色社会主义建设已取得丰硕的成果，中国特色社会主义理论体系越来越成熟、完善，在多学科交叉融合的过程中，不断融入其他学科的理论成果，创新资源整合方式，不断丰富思想政治学科的理论体系。

（二）强化思想政治理论课教师的能力建设和队伍建设

加强思想政治理论课教师队伍建设，是开展思想政治理论课跨学科教学的基本前提。思想政治理论课教师的知识水平和教学意愿水平，决定了思想政治教育跨学科教学的水平。因此，提高思想政治理论课教师的专业素质和职业道德非常重要。

思想政治理论课教师要认识到跨学科教学的重要性，认识到跨学科教学不仅是社会发展的必然要求，而且是思想政治理论学科不断创新发展的必然要求，教师要以积极的态度和积极的行为对待这一问题。教师只有在认知层面意识到思想政治理论课跨学科教学的重要性，才能构建思想政治理论课跨学科发展的内在动力，否则，仅靠政策推动的思想政治理论课多学科交叉教学，将是低效的和被动的。

在思想政治理论课教师的选拔上，可以放开学科与专业的限制，积极吸收其他学科的人才，充实思想政治理论课教师队伍，使思想政治理论课教师队伍融入新的理念。思想政治理论课教师长期处于思想政治教育理论中，会在很大程度上造成自身思维方式的封闭性。因此，从其他学科引进教师，可以给思想政治教育的教学和研究带来新的思维模式，是非常有益的。应该加强不同领域、不同学科之间的交流，打破固有界限，建立跨学科教学的沟通机制。每个人的认知在很大程度上都有局限性，要打破这种局限，交流是必然之举。开展思想政治教育跨学科教学需要大量的人力、物力和财力，为了避免资源的浪费，可以采用问题导向的教学方式，将教学的重点放在一个具体的问题上，从而高效地开展合作。

（三）做好相关部门的统筹工作

高校思想政治教育多学科交叉教学是一项系统工程，需要多部门、多层次的合作，要做好各方面的统筹规划。首先，学校、学院领导要统筹院系合作，推进高校思想政治教育学科与其他院系的合作研究，逐步将思想政治教育学科由低水平的交叉学科教学研究向高水平转变，实现相关学科的共同发展。其次，课程负责人要以马克思主义理论为指导，统筹规划高校思想政治教育的内容、方法和形式，充分发挥学科间的协同和融合效应，避免低水平的重复教学。最后，教师要统筹好跨学科教学的程度和教学班的专业差异，开展不同层次的思想政治教育跨学科教学，因材施教，切实做好教学工作。

总之，多学科教研已成为学科创新发展的趋势，多学科教研体现了系统的知识观。高校开设的每一门学科课程，都只是从一个学科领域传播相关知识，把知识作为一个整体分门别类，但忽略了与其他学科领域的内在联系。随着人类认知视野的拓展、认知能力的提高、认知手段的更新，这种认知局限将逐步被打破。多学科交叉形成的整体性、有机联系的知识体系受到更广泛的关注，其成果更利于有效解决人类社会面临的重大科学和社会问题。思想政治教育学科要实现自身的不断发展和创新，就必须积极适应跨学科发展的趋势，吸收和借鉴多学科的知识和方法，从而更好地完成思想政治教育的教学目标。

第五节 高校思想政治理论课实践教学

实践教学活动是高校思想政治理论课教学的重要组成部分，强化实践教学内容是提高思想政治理论课教学效果的有效手段。目前，高校在开展思想政治理论课实践教学活动中存在着诸多问题，通过深入研究问题产生的原因，并从创建全新的实践教学理念、健全的组织管理机制、完善的经费管理制度等方面，阐述新模式下强化思想政治理论课实践教学的具体方法。

实践教学是高校思想政治理论课教学的一个重要环节，它通过强化学生主体的参与、感悟，将课堂理论教学的内容内化于心，从而实现知、行、信的统一。高校加强实践教学作为改进高校思想政治理论课的主要方式方法，探索和创新思想政治理论课实践教学体系，是当前高校提高思想政治理论课教学质量的重要任务，也是广大思想政治理论课教师必须深入研究的重要课题之一。

一、高校开展思想政治理论课实践教学的重要意义

（一）实践教学为培养大学生自我教育能力提供了平台和载体

思想政治教育其实就是外因通过内因起作用的过程，高校思想政治理论课教师在实践教学的过程中，要帮助学生提高自我教育能力，不断激发他们自主的思想矛盾斗争，从而引导学生从现实自我转化为积极的理想自我，最终让学生通过学到的思想政治理论知识，树立正确的人生观和价值观。

人的社会化过程是终身的，学生终究会离开校园和教师，只有具备自我教育能力，才能更快地融入社会。教育的终极目标就是不教育，只有当学生具备了自我教育的能力，才会形成可持续发展的潜力，才有可能在参加工作以后，不断提高和完善自身素质，最终达到与社会需要相适应的较高层次。因此，思想政治理论课的各项实践教学活动，为学生自我教育能力的培养，提供了最好的平台和载体。

（二）实践教学有利于大学生更好地将理论与实际相结合

实践教学活动是高校思想政治理论课教学的重要组成部分，大学生在参与实践教学的活动中，逐渐学会运用理论联系实际的方式来解决问题，在整个实践教学过程中学生形成了正确的世界观、人生观和价值观。

高校思想政治理论课要富有鲜活的时代感和现实感，实现理论与实际相结合，就必须借助实践教学，让学生在实践活动中接触客观实际、认识客观实际、感受客观实际，逐渐地，学生就会对思想政治理论有更深刻的理解，自然地接受思想政治理论的内容。

（三）实践教学有利于加深大学生对社会和国情的了解

实践教学活动是理论内化并形成信念过程的重要环节，学生自觉地理解、认同和接受科学理论，有时需要通过实践教学来实现。高校通过开展实践教学活动，让学生走出校园到工厂、农村等地亲身感受和体验，学生既可以充分了解社会主义现代化建设带来的巨大成就，又能看到由于多种因素造成的经济发展不均衡现象，特别是部分农村相对贫穷的状况，引导学生学习工人、农民勤劳和纯朴的优秀品质，从而真正地了解国情和

社会，增强大学生的社会责任感。同时，针对社会的实际情况，教师要指导学生运用马克思主义的基本理论进行正确的分析，使他们能够了解社会中存在的问题的根本原因，从而进一步加深学生对社会的认识和了解。这就可以使大学生在步入社会时，能够运用思想政治理论课上学到的理论，正确地分析和对待社会中存在的问题，而不至于出现盲从或措手不及的现象，从而增强大学生适应社会的能力，促使其能够更好地适应社会。

二、思想政治理论课实践教学中存在的问题

（一）思想认识不到位

1.教师认识不到位

部分高校思想政治理论课教师对实践教学的认识存在误区和偏差，认为思想政治理论课实践教学无非就是带领学生去博物馆、纪念馆，或到乡镇企业走走看看，对实践教学抱有出去玩玩、放松的心态。此教学方式最终造成了学生思想上的放纵，既不能有效地达到思想政治理论课的教学目的和教学要求，又不能起到提高大学生思想政治素质的应有作用。

2.学生认识不到位

有些学生认为，开展思想政治理论课实践教学没有什么实际意义，只是学校的一种应景行为；也有一些学生认为，在专业课实践教学方面多下功夫，才会更有收获。因此，高校思想政治理论课教师在开展实践教学活动时，一时很难改变这些学生的消极认识，出现学生们被动应付的情况，得不到学生们的有力配合，最终难以达到思想政治理论课实践教学的预期目标。

（二）组织管理方式不够科学

目前，高校思想政治理论课实践教学普遍存在组织管理不畅、人员不够、专项经费不足等问题。这使得大部分高校思想政治理论课实践教学多以任课教师为主体，一个学期开展一两次实践教学活动已属不易，很多时候，实践教学是教师作为一项任务交给学生自己去完成的，或是给学生布置一些选题，让学生去写一篇调研报告，至于学生怎么

去、去哪里，一般都由学生自己来安排。有些学生通过去图书馆查找相关材料，甚至从网上下载大量调研内容，而拼凑成一篇调查报告。这样一来，就使得社会实践活动更像是在做表面性的工作，难以达到预期的效果。

（三）经费投入不充足

开展实践教学活动，需要组织学生外出考察、做社会调查等相关工作，所以足够的经费投入是进行实践教学活动的保障。目前，一些高校还没有设立思想政治理论课实践教学专项经费，更没有建立此项经费管理使用的制度，这些因素直接影响了思想政治理论课实践教学的顺利开展。经费问题已经成为高校教师推进思想政治理论课实践教学的一大瓶颈，例如，湖北省“高校思想政治理论课实践教学资源整合与利用研究”课题组对该省 12 所高校的教师进行了调查，其中有 40.4%的教师认为经费不足是“当前开展思想政治理论课实践教学的障碍”。因此，高校应继续加大对思想政治理论课实践教学活动经费的投入力度，进而保障实践教学活动的顺利开展。

（四）实践教学基地数量不多

思想政治理论课实践教学必须面向社会，这是高校思想政治理论课教学目的和教学要求的内在规定。高校需要充分整合各种思想政治教育资源，并广泛开辟实践教学基地，使思想政治理论课实践教学活动更具有实效性和可操作性。目前，有些高校对思想政治理论课实践教学基地建设的重视程度不够，并没有很好地结合学生状况、学科特点、专业特色和育人目标，本着合作共建、双方受益的原则，建设一批稳定的思想政治理论课实践教学基地，在一定程度上限制了思想政治理论课实践教学开展的一贯性和持续性。对此，高校应根据自身特点，有目的、有计划、有步骤地建立起一批思想政治理论课实践教学基地，从而为思想政治理论课实践教学的开展和推进提供基地保障。

（五）考核评价体系不完善

在开展思想政治理论课实践教学活动中，有些高校没有建立起完善的考评体系，“三缺乏”的现象比较突出。

1.缺乏学生对教师的评价机制

目前，思想政治理论课实践教学的考核方式主要是教师评价学生，往往缺乏学生对教师的评价和监督制约机制，这样既不利于增强思想政治理论课教师实施实践教学的责任心，又不利于调动思想政治理论课教师开展实践教学的积极性。

2.缺乏结果评价与过程评价相结合

有的高校只注重结果评价，即评定学生提交的实践调查报告，而忽视了学生在参与实践教学过程中思想进步、能力增强、素质提高和社会贡献等现实表现，使思想政治理论课实践教学的效果评价不够客观、不够全面、不尽合理。

3.缺乏定量评价与定性评价相结合

大学生的世界观、人生观和价值观的确立，以及思想政治素质的提升，应该通过长时间的综合观察和全面考核后再予以确定，目前，缺乏对其定量评价和定性评价的考核。

三、创建行之有效的思想政治理论课实践教学新方法

（一）全新的实践教学理念是先导

不可否认，固定的学习场所对每一个求学者都是必要的，但时代在发展，传统的“课堂”模式同样也需要做出改变。社会发展变化很快，正是在这一背景下，大课堂观作为一种全新的教育教学理念被提了出来。上海市教育科学研究院顾志跃提出：“传统的课堂教育时空观需要打破……教师可以通过尝试创设在课堂或课堂外的情境与学习任务，让学生积极融入其中，亲历过程，在感知、体验、内化的基础上，学习到相关的情感、态度、价值观与能力。”大课堂观体现的是思想政治理论课实践教学理念，主张将教学从教室内的课堂向校园或向更为广阔的社会大环境方面拓展，让思想政治理论课教学的课堂延伸到校园和社会，进而从多种角度以不同的方式，引导大学生将所学知识转化为服务大众、报效祖国，并实现自身价值的现实能力。

（二）健全的组织管理机制是基础

相较于课堂理论教学，实践教学的组织管理更为复杂。实践教学涉及教务处的教学

安排、教学院部的人员职责确定、财务部门的经费支出、后勤部门的支持和保障，除此以外，还包括联系和确定场地、对学生进行培训和考核等方面。因此，如果仅仅凭借思想政治理论课教学部门的力量，仅仅依靠人员有限的思想政治理论课教师队伍，要想很好地开展实践教学工作是比较困难的。高校思想政治理论课实践教学在建立健全组织管理机制方面，需要整合多种力量并投入实践教学活动之中。高校可以探索制定由学校分管党政领导负责协调，思想政治理论课教学部门具体牵头实施，教务处、财务处、学生处、宣传处、团委等部门分工合作、各司其职的思想政治理论课实践教学实施与管理细则，在实践教学活动开展之前，将工作任务下达到学校相关部门，并将其作为工作绩效年度考核指标之一，以确保思想政治理论课实践教学的正常开展。

（三）完善的经费管理制度是根本

个别高校的思想政治理论课实践教学由于缺乏专项经费的支持，学生的社会实践教学活动逐渐演变为“贵族式”活动。只有优先确保活动经费，各项实践教学活动才能有效开展。各高校可以按照教育部相关文件精神，设立实践教学专项资金，确保实践教学活动可以长期、有效地开展。与此同时，在经费管理使用制度方面，也应该严格按照审批程序操作，通过对实践教学项目进行内容和形式论证，挑选出教育意义大、可行性强、社会价值高、实效性明显的实践教学项目予以立项，最终通过运用有限的实践经费，使教育效果达到最优化。

（四）稳固的实践教学基地是条件

目前，高校思想政治理论课实践教学基地数量较少，功能定位不够准确，没有真正地将实践教学基地置于教学之中发挥其应有的作用，高校在加强基地建设的基础上，要重新认识和界定其自身功能。充分发挥实践教学基地在整个实践教学活动中的基础性地位，把基地作为平台，建立一批相对固定的实践教学基地，并以此来带动整个思想政治理论课实践教学环节。

实践教学基地应作为重要依托，与高校长期保持紧密的合作，从而使双方关系更具有可持续性。高校可以充分发掘和利用本校及学校所在地的思想政治教育资源优势，建立长期稳定的校内校外实践教学基地，使学生积极融入社会实践活动中，进一步增强学生对思想政治理论课的学习热情，为实施可持续的实践教学提供基地保障。

（五）可行的考核评价体系是保障

实践教学的考核是否体现规范性、民主性、公平性和责任性，不仅关系着实践教学开展的实际效果，而且影响着学生对实践教学的认可程度。因此，高校思想政治理论课实践教学必须创建一套客观、合理、积极、系统的考核体系，才能有效保证其健康持续地开展下去。实践教学考核评价体系，应同时包含对学生的考核办法及对教师的考核办法。高校需要制定出学生评价教师与教师评价学生相结合、结果评价与过程评价相结合、定量评价与定性评价相结合的“三个结合”考评体系。同时，实践教学考核制度的过程监控需要多方参与，即包括同行、学生、第三方机构和用人单位在内的多种考核评价主体，实现个体考评与团体考评相结合、处罚性考评与奖励性考评相结合、校外考评与校内考评相结合，尤其是通过各方渠道获得的社会对学生的评价情况，要在实践教学成绩考评中予以体现。

思想政治理论课实践教学模式以激励学生主动参加和主动思考为特征，引导学生有目的地参加课内与课外、校内与校外的各种实践活动，在实践中深化对理论知识的理解，不断提高思想觉悟和认知能力，使其主观世界得到感情的再教育和主体能力的优化，对于培养学生的积极品质有着重要的意义。首先，思想政治理论课实践教学模式能够激发大学生对思想政治理论课实践教学的认同感。其次，思想政治理论课实践教学模式能够激发大学生参与实践教学活动的积极性。最后，思想政治理论课实践教学模式能够优化思想政治理论课实践教学环境，增强学生积极的情感体验。

第四章 多学科交叉融合模式研究

第一节 对教育学的借鉴

思想政治教育学与教育学同属于教育科学体系，包含在教育科学体系内，是教育科学体系的重要组成部分。

一、借鉴教育学揭示教学规律的理论

教育学强调教育过程要遵循教学规律，教学规律是客观存在于教学过程中的不以主观意志为转移的本质联系。

（一）掌握传授知识与思想教育相统一的规律

教师在传授知识的过程中，无论传授的是哪方面的知识，总会或多或少地对学生的思想感情、立场观点、意志性格和道德品质等方面造成一定的影响。另外，教师的思想品质、言谈举止和风度气质等个人特质，也能对学生产生潜移默化的影响。因此，在教学过程中，教师应严谨治学、为人师表，通过自己的实际行动，为学生树立良好的思想道德和行为榜样，做到知行统一、言行一致。

（二）掌握知识和发展智力相统一的规律

学生掌握知识与发展智力、培养能力是辩证统一的，单纯地强调任何一种能力都是

不科学的，因为无论是知识的单纯增长，还是智力的单纯提升，都难以提升学生的综合素质。高校思想政治教育要尊重教育学的基本规律，在注重对大学生进行马克思主义基本原理知识传授的同时，还要加强实践活动的开展，将其所学的知识转化为实践能力。

（三）掌握教师主导作用和学生主体地位相结合的规律

在教与学的统一活动中，教师应该充分发挥自己在教学中的主导作用，按照客观规律启发与引导学生去学习和实践，充分激发其积极性。在教学过程中，教师的主导作用和学生的主体地位是辩证统一的，教师的主导地位并不是绝对的，在某些情况下，教师也可以激发学生在高校思想政治教育中的主体性，发挥其主导作用。

二、借鉴教育学论述教学方法的理论

教学方法是教师和学生为了实现共同的教学目标、完成共同的教学任务，在教学过程中运用的方式与手段的总称。它既包括教师教授知识的方法，又包括学生在教师指导下的学习方法。教育学论述的许多方法是行之有效的教育方法，非常值得高校思想政治教育借鉴。

（一）讲授法

讲授法是教师通过口头语言向学生描绘情境、叙述事实、解释概念、论证原理和阐释规律的教学方法。讲授法是教师使用最早的、应用最广的教学方法，其他教学方法的运用几乎都要与讲授法相结合。高校思想政治理论课教师应重视自身口头讲授技巧和能力素质培养，以期获得良好的教育效果。

（二）参观法

参观法是根据教学目的和教学任务的要求，组织学生到校外场所，使学生通过对实际事物和现象的观察、研究，而获得新知识的方法。参观是以大自然、大社会作为活教材，能打破课堂和教科书的束缚，使教学与实际生活、生产密切联系起来，取得良好的教育效果。高校思想政治理论课教师要勤于研究学生的特点，借鉴参观法的开展特点，开展革命传统教育、正反典型教育、改革开放成果展等参观活动，使思想政治教育活动的形式生动、富有成效。

（三）讨论法

讨论法是在教师的指导下，由全班或小组围绕某一个中心问题，通过发表各自意见和看法，共同研讨、相互启发、集思广益地进行学习的一种方法。高校思想政治理论课教师应借鉴讨论法“以他人为镜”的宗旨，来指导和丰富自身开展活动的形式，进行相关理论和现实的热点、难点、疑点等讨论活动，引导学生在集体教育和相互探讨的过程中，完成更有成效的自我教育。

第二节 对政治学的借鉴

人是在具体的政治生活中来提高思想政治素质的，有关政治生活内容的理论有助于全面而深入地研究受教育者所处的政治生活环境，确定思想政治教育的内容，实现思想政治教育的任务。

一、政治秩序和治理

政治秩序是指社会中人们依据基本的政治共识、政治与法律制度展开政治实践的一种状态。政治秩序在行动上体现为政治治理，政治治理既包括传统意义上的维护政治秩序的统治行为，又包括实现经济社会发展目标的社会管理行动。

二、政治参与和监督

政治参与是指公民通过一定的方式去直接或间接地影响政府的组成、运行和决策，或与政府活动相关的公共政治生活的政治行为，是公民自下而上的政治行为。监督分为政治监督和社会监督。政治监督是指在政治管理过程中，为保证社会公共权力机关所担负的职权在正当范围内和轨道上运行，而对其进行监视、检查、控制和纠偏的各种活动，其本质是以权力制约权力，其目的在于抵御权力的腐蚀性。社会监督是以国家机关以外的社会组织或公民为主体进行的监督，这种监督主体范围十分广泛，民主性比较突出，虽然不具有法律效力，但发挥着非常重要的作用。

第三节 对心理学的借鉴

心理学是研究人的心理现象、心理过程和个性心理及其发展规律的科学。人的思想品德的形成过程也是一种心理活动的过程，因此心理学对研究思想政治教育的规律有着重大的意义。心理素质是思想道德素质的基础条件和构成要素。马克思主义心理学是我国思想政治工作科学方法的重要依据。

一、借鉴心理学关于心理活动过程的理论

心理活动过程是指人的心理活动发生、发展的过程，它由认识过程、情感过程和意志过程构成，心理活动过程体现着人类心理活动的共同规律和一般特征。心理学注重认知、情感和意志训练相结合，形成完善的个性和品质，高校思想政治教育强调对大学生思想品德素质培养的最基本的晓之以理、动之以情、导之以行、持之以恒的工作方法，正是建立在心理活动过程理论知识基础之上的。

（一）认识过程理论

认识过程是人对客观事物的不同程度、不同水平、不同层次和不同方面的认识过程，即从感性认识到理性认识的发展过程，包括感觉、知觉、记忆、思维和想象等。

（二）情感过程理论

人们在认识事物的时候不可能无动于衷，总会伴随着认识活动的进行而形成各种态度，产生相应的喜、怒、哀、乐、爱、恶等情绪情感体验，这种心理活动过程就是情感过程。

（三）意志过程理论

我们在与自然界相互作用的过程中，常常在认识的基础上，并在情感的推动下，根据事物发生发展的规律，自觉地确定目的、制订计划、调节行动、克服困难，以及实现目标，使客观事物向着符合我们需要的方向发展，这就是我们的意志过程。

二、借鉴心理学关于个性心理形成与发展的理论

（一）需要动机理论在高校思想政治教育实践中的运用

需要理论认为，人的一切行为都是受本能需要的直接刺激而产生的。虽然人有满足自己需要的基本特征，但是大多数时候，人们都是从理性的角度考虑自己的需求及动机的，因此人们能够自觉调整自己的需要、动机和行为。

心理学关于需要的理论告诉我们，在当前的社会条件下，最大限度地满足人们日益增长的物质需要和精神需要，是高校思想政治教育工作者应该考虑的内容，同时也是高校思想政治教育的目标之一。如果高校思想政治教育工作背离了其基本目的，脱离了满足人们物质需要和精神需要这一基本原则，势必软弱无力、缺乏吸引力和说服力，从而影响教育效果。

从事高校思想政治教育工作的管理者，在进行高校思想政治教育工作安排和规划时，务必对工作对象的心理特征及其个人需求进行透彻的分析和了解，从而有针对性地对思

想政治教育工作进行设计，争取达到最好的教育效果。

（二）个性心理形成与发展理论在高校思想政治教育实践中的运用

心理过程与心理活动是每个人都有的，但同样类型的心理过程或心理活动，体现在每个人的思想与行为上，都存在一定的差异，我们将这些个体差异的表现称为个性心理。它是个体身上表现出的比较稳定的一种心理特征，具有模式化、固定化的基本特征，对行为研究有一定的参考作用。无数的教育实践证明，深入研究并把握个性心理及其形成发展规律，对于实施因材施教、开发人的潜能具有重大意义。

个性心理的形成和发展是多因素交互影响的结果，是在遗传素质的基础上，在一定环境和教育条件的影响下，通过个体积极主动的社会实践活动而被塑造出来的。高校思想政治教育应充分重视心理学关于人的个性心理形成发展理论，了解影响大学生个性心理的各种因素，使思想政治教育活动能产生较强的针对性和实效性。

第四节 对社会学的借鉴

思想政治教育学是一门指导人们形成正确思想行为的科学，它以人的思想行为形成变化的规律及实施思想政治教育的规律作为自己的研究对象。但思想政治教育作为复杂社会系统中的一个子系统不是静止的，在发展过程中出现的各种实际问题也不是孤立的，只有将其放在社会的大背景中，才能较为准确地把握和实施思想政治教育，也才能切实地解决各种实际问题。

多学科的参与已经成为思想政治教育的一条重要路径，社会学便是其中之一。社会学是从某种特有的角度，侧重对社会、对作为社会主体的人、对社会与人的关系等进行综合性的研究，即研究社会问题的一门科学。它所研究的领域相当广泛，所研究的社会文化和社会思潮涉及社会生活的方方面面。社会交往与人际关系、社会组织与社会群体，以及青年问题、家庭问题、犯罪问题等，都与思想政治教育的内容和方法相关，其中很多方面的研究都能为思想政治教育提供借鉴和指导。社会学所研究的人的社会化问题，与高校思想政治教育在本质上具有一致性。高校思想政治教育所要解决的主要任务，就是实现大学生的思想政治和道德的社会化。高校思想政治教育是社会化的一个重要手段，思想政治教育帮助大学生树立远大的理想和培养高尚的道德品质，明确自己的社会职责和行为规范。从这一意义上说，高校思想政治教育的过程也是大学生的社会化过程，高校思想政治教育可以帮助大学生完成全面的社会化。

一、社会化的定义及途径

社会化是指个人从生物人发展成社会人，不断认识社会、适应社会，从而形成、发展和完善自己的人格，并积极作用于社会的过程。社会化的基本途径是社会教化和个体内化。社会教化即广义的教育，这是社会通过社会化的载体及其执行者对个体进行的社会化过程。个体内化是指个体将社会教化的内容转化为自身的行为模式、人格特征和思维方式的过程。

二、社会化与个性发展

所谓个性的发展就是指个人特有的生理素质、心理素质、思维方式和行为方式等的充分自由发展。马克思主义认为，个性的充分自由发展在人的全面发展中占有重要地位，人的发展在一定意义上就是“有个性的个人”的发展。在人的个性的形成过程中，生理、心理因素都以社会因素为中介发挥作用，人的个性是个人社会化的产物，是随着个人社会化的进程而逐步形成和发展的，可以通过社会化来塑造一个人的个性。社会化就是人的个性与自我形成及发展的过程。

人的个性发展是通过个人与社会的相互作用而实现的，个性发展包括自我意识的发展和道德意识的发展，这都是人的社会化的重要方面。

第五节 对伦理学的借鉴

伦理学是研究道德起源、道德本质、道德关系及其发展规律，研究道德修养和道德教育的内容、原则和方法的科学。马克思主义伦理学所揭示的共产主义道德形成和发展的基本原则、基本规律和规范，是思想政治教育学的理论依据，是思想政治教育学研究的重要内容。

一、借鉴伦理学关于道德人成长过程的论述

著名经济学家亚当·斯密认为，作为经济人，人当然具有自私自利的一面，但这种自私自利又不是纯粹的，人还有富有同情心的一面，人也是道德人。伦理学关于道德人成长过程的理论，对于高校思想政治教育培养大学生成为思想品德高尚的社会主义新人有着深刻的启示。

（一）道德人的形成

道德人的形成经历了漫长的过程。人的自我认知水平与个体最初得到的表现是一致的，个体的内在自觉性是实现个体对道德追求的动因。同时，个体生活的社会条件也会对其道德水平产生重大的影响，会使个体道德从萌芽状态逐渐走向苏醒。个体的道德觉醒达到一定的程度，道德人就会形成并丰富完善到相应的层次和水平。高校思想政治教育在研究学生道德意识觉醒和达到社会所要求的道德水平方面，应遵循道德人形成的原理。

（二）道德的自律与他律

道德的自律与他律是一个持续的过程，在这个过程中，实现道德的质的飞跃，逐渐由他律转变为自律。道德主体在此过程中，会用一些内化了的自己认为正确的道德原则来约束或调节自己的思想行为方向。自律是人真正实现道德的结果，自律的人就是道德

的人，是一个有稳定和明确人格的人。道德人成长过程中自律与他律的关系，启示高校思想政治教育一定要重视引导学生自觉提高自身的思想政治素质和品德水平。

二、借鉴伦理学关于道德教育的过程理论

道德教育过程是指对人们进行有组织、有计划、有目的的道德教育，使人们在生活实践的基础上确立某种道德认识、道德情感、道德意志、道德信念和道德习惯的复杂过程，主要有提高道德认识、陶冶道德情感、锻炼道德意志、树立道德信念和养成道德习惯五个环节。使社会主义和共产主义道德原则和规范转化为个人内在品质的教育，是我国思想政治教育的主要内容之一。伦理学关于道德教育过程的理论，对思想政治教育学研究有直接的理论借鉴作用。

（一）提高道德认识

人是理性的社会动物，人的行为是受自己特定的道德认识指导的。要使人们有社会主义和共产主义道德的理想人格，首先就必须使人们了解和掌握社会主义和共产主义道德的原则、规范和义务，然后才能有明确的道德实践方向。

（二）锻炼道德意志

道德意志是道德人格形成的关键。如果没有坚强的道德意志，就不能在道德实践中克服困难，牺牲个人利益，战胜邪恶和私欲，把善和正义发扬光大，也就无从形成理想的道德人格和品质。

（三）陶冶道德情感

要培养人的道德人格和个性，必须从培养一个人健全的道德情感开始。有了某种道德认识，并不一定会有相应的道德情感。只有在现实生活中通过长期对大量善与恶的事例对比，让受教育者深受感染，才能形成比较稳固的道德情感。

（四）确立道德信念

让受教育者确立道德信念，这是道德教育的中心环节。有了坚定的道德信念，也就有了精神支柱，人们的道德人格才初步建立起来。

（五）养成道德习惯

道德教育的宗旨，一方面是使良善的道德转化为人们内在的道德信念，另一方面是使这种良善的道德信念通过具体的道德实践表现为外在的道德行为，并最终形成自我的一种道德习惯。养成道德习惯后，人们习惯于遵守道德规范的要求。

第六节 学科思政的建设

一、“学科思政”的提出

党的十八大以来，习近平总书记多次强调“立德树人”的重要性，并就如何实现这一教育根本任务提出了战略性意见，即改革创新思想政治教育工作的方式方法与工作体系。

2018 年 5 月，习近平总书记在北京大学师生座谈会上指出，人才培养体系涉及学科体系、教学体系、教材体系、管理体系等，而贯通其中的是思想政治工作体系。2018 年 9 月，习近平总书记在全国教育大会上指出，要把立德树人融入思想道德教育、文化知识教育、社会实践教育各环节，贯穿基础教育、职业教育、高等教育各领域，学科体系、教学体系、教材体系、管理体系要围绕这个目标来设计，教师要围绕这个目标来教，学生要围绕这个目标来学。

由此可见，将思想政治工作融入学科体系是高校建设高水平人才培养体系、实现立德树人根本任务的基本单元之一。然而，目前在关于教育改革的研究中对“学科思政”

的关注极为有限。在高校的相关实践中，因理论研究的缺乏，“学科思政”一般只是作为支撑“三全育人”的一个概念，而缺乏具体的内容。基于此，以下试图从内涵、内容体系构建及其实现途径三个方面，并结合北京联合大学的相关实践来讨论“学科思政”的问题。

二、“学科思政”的内涵

“学科思政”是由“学科”与“思政”组合而来的，属于偏正词组。该词组的中心词为“思政”，源自“思想政治教育”的缩写，限定词为“学科”，即依据学术性质而划分的专门知识科学门类。因此，从字面上来解释，“学科思政”就是以学科为载体的思政育人模式。

但“学科思政”的内涵远比其字面意义更丰富和深远。学科之所以能作为思政育人的载体，归根结底是因为学科发展建设的过程与结果天然具有育人属性。学科的发展建设是专业知识发现、积累、传承、传播和创新的过程，教育则是推进该过程发生的重要动力和催化剂。教育不仅具有选择学科的功能，而且还有创造学科的功能。学科所包含的专业知识并非只有所谓的客观知识，还有与客观知识密切相关，甚至无法分割的精神、情感、思想和价值选择，而这些都是思想政治教育，也是立德树人最为关注的教育内容。

综上所述，“学科思政”就是指立足学科的特点、优势和使命定位，将学科中蕴含的符合培养社会主义建设者和接班人所需要的精神、情感、思想和价值选择等元素，融入学科的发展建设过程中，使“学科”成为“思政”的有效载体或平台，让“思政”为“学科”注入“灵魂”或“活力”，从而实现学科育人与思政育人的有机协同和相互促进，形成创新的学科育人模式。

因此，对于“学科思政”的内涵，不能仅从字面上来理解，因为一旦进入这种误区，“思政”就容易被理解为学科育人的“额外负担”，导致在“学科思政”中受益的只有“思政”，而没有“学科”。

三、“学科思政”的内容体系构建

（一）“学科”的外在表现形态

“学科思政”既然以学科为载体，其内容体系的构建必定依赖学科在建设与发展过程中的外在表现形态。很多学者都对学科的外在表现形态进行了相关讨论，概括起来，目前的代表性观点主要有下面几种。

宣勇等将学科概念界定为：由学者们依赖于一定物质基础围绕知识进行的创造、传递、融合与应用的活动所组成的组织系统，是一个实在存在的具有组织形态的学术组织系统。孙绵涛等对学科的本质做了阐释，认为学科不仅是知识形态，而且是活动形态和组织形态，学科是由这三种形态组成的统一体。肖楠等提出了两个重要观点：其一，学科是知识形态与组织形态的结合体。其二，学科发展在本质上体现为学科知识与学科组织的“两态”互动。阎光才在讨论学科建构逻辑的基础上，提出学科不过是一种人为的建构或者说人类为了便于自我认识世界，而建构起来的系统知识分类体系与规范。

在总结前人研究成果的基础上，本文认为，学科作为一种专门的知识分类体系与规范，其在建设和发展过程中具有知识、活动和组织三种表现形态。其中，知识形态为学科建设与发展的结果，也是后续学科建设与发展的起点，活动形态可视为学科建设与发展的途径，组织形态则是学科建设与发展的保障。或者说，学科的知识形态是学科建设和发展的永恒追求，而活动形态和组织形态是拓展学科知识的重要手段。

（二）“学科思政”的内容体系

1.知识形态的“学科思政”

学科的知识形态指学科是由有一定逻辑联系的知识范畴所组成的知识体系。知识是人类经验的积累，也是人类文化的重要组成部分。学科知识是围绕特定的研究对象形成的知识集合，是按照学问的性质而划分的知识或学问的门类，是相对独立的知识体系。

在学科育人中，学科知识属于形而下的教育元素，而价值观层面的内容相对于知识而言，则属于形而上的教育元素。如果在教学过程中过分重视形而下的知识，却忽略形而上的价值观，培养出来的很可能是“知识化”的人才，而非“文明化”的人才。知识形态的“学科思政”，要求在学科知识中融入思想政治教育，不仅要加强大学生的科学知识储备、提高专业技能，而且要用科学的世界观、价值观熏陶并培养学生的科学精神、道德素养与文化素质。

2.活动形态的“学科思政”

学科的活动形态是指学科主体在特定知识领域中持续开展观察、实验、实践、思考和传承的活动过程。学科知识是人类在认识世界、改造世界的过程中产生、发展和积累的，是主客体互动的结果，学科活动是学科产生和发展的基础或前提。学科活动的本质是通过持续的探究，寻求解决人类社会发展相关问题的有效方法；学科知识的持续传承，则为人类不断积累、提高认识世界和改造世界的能力提供了无限空间。

在学科育人中，学科的活动形态主要是相关主体在各个层面利用各种方式开展的与学科理论知识、实践知识创新有关的研究性实践活动。活动形态的“学科思政”，要求在学科活动中融入思想政治教育，不仅要教会学生相关的学科知识与研究方法，而且要培养学生勇于质疑、善于探索、勤于钻研和乐于奉献的科学精神。

3.组织形态的“学科思政”

学科的组织形态主要是指学科主体以知识和活动为纽带而形成的人与人之间的一种组织状态，即以知识的发现、积累、传播和创新为基础所形成的学科队伍，诸如院、系、所、项目团队等学术组织。学科知识所具有的精神、情感、思想和价值选择等思政属性，是通过学科组织中人的活动的对象化而实现的，是人的本质力量作用于学科活动的对象而产生的。

在学科育人中，学科的组织形态主要表现为科研院所等研究平台的搭建、学科与硕士点的设置、研究方向的凝练、研究团队的组建与建设等。组织形态的“学科思政”要求在学科组织中融入思想政治教育，不仅要做好科研团队的结构建设和科研平台的硬件建设，而且要重视团队的思想建设和文化建设，要让学科育人成为团队成员的自觉选择。

四、“学科思政”的实现途径及实践探索

在学科层面落实立德树人，必须有意识地将学科特有的精神、情感、思想和价值选

择全面融入学科的知识、活动和组织形态之中。北京联合大学在 2017 年初就开始了相关实践探索，并以“课程思政”作为起点和重要抓手，经历了从“课程思政”到“专业思政”再到“学科思政”的探索路径。因此，下面以北京联合大学为例，对“学科思政”的具体实现途径进行深入探讨。

2017 年 11 月，北京联合大学在《关于推进“课程思政”建设的实施意见（2017—2018）》中提出，要充分挖掘和充实各专业蕴含的思想政治教育元素，结合专业特点，有机融入本专业的建设内容、方法和载体，贯穿人才培养方案、师资队伍建设、课程建设、科研建设等各方面。2020 年 3 月，学校印发的《关于推进专业思政建设的实施意见（2020 年）》明确提出，要遵循学科、专业、课程一体化建设的内在逻辑，结合学科发展前沿和专业的行业应用，不断深化“课程思政”建设，推进“专业思政”建设，探索“学科思政”建设，促进“课程思政”“专业思政”“学科思政”一体化体系加速形成。下面，将围绕“学科思政”三种形态分别展开阐述。

（一）知识形态的“学科思政”实现途径及实践探索

知识形态的“学科思政”主要通过课程建设和教材（著作）建设两种途径来实现。前者是指在教学设计时对课程内容、方法进行重新挖掘、梳理和认识，将学科智慧、情感和思想等有机融入教学过程；后者则是指将学科知识所蕴含的精神、情感、思想和价值选择，有机融入承载体系化知识的教材（著作）的字里行间。由于课程和教材（著作）作为学科知识的主要传播媒介，具有传播范围广、传播速度快、传播效果直接等特点，因此在课程和教材（著作）建设中有机融入思政元素，是实现知识形态“学科思政”的有效渠道。

1.在课程建设方面

首先，将科研成果与行业实践作为课程教学案例的最佳来源。北京联合大学历来重视应用型科研与成果转化，在本科生与研究生的课堂教学中不断融入最新的学科精神、情感、思想和价值选择，持续提高课堂的趣味性、新鲜度与思政含金量。

其次，“课程门门有思政”被同时落实于学校本科生与研究生的课堂教学过程，研究生学科特色课程建设项目将“课程思政建设情况”列为考核指标之一。

最后，搭建不同学科之间研究生课堂教学思政育人经验交流平台。例如，学校应用文理学院7个硕士学位点围绕研究生“课程思政”教学设计，开展课堂教学展示与交流，切实提高了学科育人的能力与水平。

2.在教材（著作）建设方面

学校应用文理学院遵循学科、专业、课程一体化建设的内在逻辑，不断梳理总结学科发展和行业应用中形成的最新理论与实践，及其背后所包含的精神、情感、思想和价值选择，并将“传播北京文化、讲好北京故事”的内容有机融入其中，出版了一系列特色鲜明的优秀教材（著作），为实现知识形态的“学科思政”提供了重要的“源头活水”。

（二）活动形态的“学科思政”实现途径及实践探索

活动形态的“学科思政”，主要通过在研究生与本科生的科研活动中有意识地融入学科精神、情感、思想和价值选择来实现。学生参加的科研活动，既包括教委、学校支持的学生和教师的科研项目，又包括以学科竞赛为表现形式的科研探索，以及在校内外参加的以解决科研问题、完成科研任务为目的的实习实践活动。学生在教师的指导下完成科研活动，不仅可以体验知识的探索过程，感受学科知识的应用价值，而且可以在实践中深刻体会并理解科研精神及做人做事的基本道理。

在学科活动方面，北京联合大学于2018年11月印发的《关于开展学院“三全育人”建设试点工作的通知》提出要求，学院教师在教学、科研中能诚实守信，主动向学生进行学术道德教育。

学校于2020年6月印发的《关于健全“三全育人”体制机制的实施意见（2020—2022）》对科技处提出了具体的工作任务要求，即形成科研育人长效机制，制定科研育人制度，完善科研项目资助体系。

在高等教育阶段的学科竞赛中，有相当大比例的项目是为学生提供综合利用学科知识并创新性解决问题的研究探索实践平台。不过，很长一段时间以来，高等教育阶段的学科竞赛并未受到足够的重视，学科竞赛的地位和竞赛组织的长效机制在很多高校里并未普及或完全建立。为了加强学生实践能力和创新意识的培养，提高学生运用所学知识解决实际问题的能力，激发学生的创造性思维和学习兴趣，北京联合大学制定了学科竞赛管理办法，明确了学科竞赛的类别、组织与管理、经费管理、奖励等事项，并认可国际性、国家级、市级、校级、院（部）级、行业企业等6个类别的学科竞赛。

（三）组织形态的“学科思政”实现途径及实践探索

组织形态的“学科思政”主要通过在学科组织建设发展过程中有意识地开展“学科思政”相关的文化建设与制度建设来实现。学科的学术组织主要根据学科的范围和研究方向划分，如学科点、硕士点、博士点、研究所（基地）、项目组等形式，学科的行政组织主要根据学校的行政管理模式划分，包括学院、系等形式。无论是学科的学术组织，还是行政组织，都可以通过文化建设和制度建设，来提升学科组织的思政育人能力，并使思政育人成为学科组织中每位成员的自觉选择。一般来说，学科的学术组织结合具体的研究方向与研究内容，偏重通过深挖思政元素、有机融入课堂两个方面开展思政工作；学科的行政组织则结合政府、教育部门与学校的文件和相关讲话精神，偏重通过政策研读、榜样学习两个方面开展思政工作。

（四）组织形态的“学科思政”建设以个人的思政进步为基础

高校教师既是科研工作者，又是教书育人者，因此“教师人人讲育人、人人讲好育人”是组织形态的“学科思政”建设成果的最佳状态。正是在对教师主体地位认知的基础上，北京联合大学提出了“教育者先受教育”的观点，并将其列为教师育人的三项基本功之一，同时以发挥每位教师的主观能动性为宗旨，开展了一系列的培训研讨、实践探索，以及长效机制建设活动。除此之外，学校创新性地将新时期基层党组织的建设与组织形态的“学科思政”进行有机结合；《关于推进课程思政建设的实施意见（2017—2018）》提出，教师党支部要将“课程思政”建设作为加强党支部政治建设的重要内容和载体；《关于深化课程思政建设，落实立德树人根本任务的实施意见（2019—2020）》提出，进一步发挥好教师党支部在“课程思政”“专业思政”建设中的推动作用。同时，学校还把“课程思政”纳入党建课题立项，定期表彰“课程思政”建设先进党支部。

“学科思政”是高校实现立德树人根本任务的有效途径，是“三全育人”工作的重要抓手。“学科思政”是“课程思政”与“专业思政”的深化，并与之相辅相成，是学校思政工作的有机组成部分。十年树木，百年树人。培养社会主义建设者和接班人是事关民族发展、国家未来的长期事业，“学科思政”的具体实现，更需要在知识、活动、组织三者的框架体系下持续探索与创新。

第五章 高校思想政治理论课教学理念创新研究

高校思想政治理论课是中国特色社会主义事业的重要组成部分，是对大学生进行马克思主义理论教育的主渠道和主阵地，在培养中国特色社会主义现代化建设事业的合格人才和社会主义事业接班人方面发挥着积极的作用。

第一节 突出立德树人教育的根本目的

明确“为什么要学生学”“学生为什么要学”的问题，有利于解决教师“怎么教”的问题，这是一个问题的两个方面。大学生学习思想政治理论课的主动性、积极性如何呢？高中阶段以前的教育要通过教育培养和选拔人才，升学率、考入名校率的指挥棒变相导致在教育实践中历来重视智育、轻视德育，即便是重视德育，也没有把德育放在应有的地位。高考指挥棒的惯性思维自然使得大学生在大学期间也不重视思想政治理论课，大学生缺乏学习主动性、积极性。另外，进入大学前，学生接受的思想品德课教学往往等同于一门知识性的课程，缺乏思想性，空洞说教色彩浓厚，严重影响了学生学习思想政治理论课的兴趣。

一、教师要明确为什么开设思想政治理论课

2019 年 3 月 18 日，习近平总书记在学校思想政治理论课教师座谈会上发表重要讲

话，这是有史以来思想政治理论课方面最高规格的座谈会。为什么国家对思想政治理论课如此重视呢？从习近平总书记的讲话中我们会进一步加深对该问题的理解。习近平总书记从中华民族伟大复兴战略全局和世界百年未有之大变局的国际视野、历史视野的高度，从治国理政的纵横比较高度定位了思想政治理论课的极端重要性，思想政治理论教育是教育的重要内容，思想政治理论课在解决好“培养什么人”“怎样培养人”“为谁培养人”这个根本问题上起着重要作用。教师明确“为什么开设”思想政治理论课，有利于发挥教师的主导作用，成为大学生成长路上的领路人。

（一）“为谁培养人”的需要

思想政治理论课突出育人的政治性、思想性。2016 年，习近平总书记在全国高校思想政治工作会议上强调：“高校思想政治工作关系高校培养什么样的人、如何培养人以及为谁培养人这个根本问题。”立德树人是大学教育的根本任务，大学教育不仅要教会学生学习、谋求一技之长，而且要引导学生学会做人，成为社会主义建设者和接班人。习近平总书记强调：“青少年阶段是人生的‘拔节孕穗期’，最需要精心引导和栽培。”“青年的价值取向决定了未来整个社会的价值取向，而青年又处在价值观形成和确立的时期，抓好这一时期的价值观养成十分重要。这就像穿衣服扣扣子一样，如果第一粒扣子扣错了，剩余的扣子都会扣错。人生的扣子从一开始就要扣好。”习近平总书记强调，思想政治理论课是落实立德树人根本任务的关键课程。

我们要充分理解习近平总书记对思想政治理论课的定位高度。思想政治理论课不同于一般的知识性课程，思想政治理论课的核心是加强马克思主义理论教育，引导学生树立共产主义远大理想和中国特色社会主义理想，践行社会主义核心价值观，增强“四个自信”，引导学生“明大德、守公德、严私德”，坚定理想信念。思想政治理论课教师要从建设教育强国、办好人民满意的教育，努力培养担当民族复兴大任的时代新人，培养德智体美劳全面发展的社会主义建设者和接班人的高度，认识到思想政治理论课的重要作用。从供求关系来看，高校开设思想政治理论课并不是因学生想学而进行教学，而是从国家发展的高度和为社会培育合格人才的角度，以历史使命的责任感、紧迫感而开设和建设思想政治理论课的。同时，思想政治理论课承担了为青少年学生“答疑解惑”和“人生导航”的作用，所以开设思想政治理论课也是学生自身成长成才的需要。

（二）“培养什么人”的需要

高校思想政治理论课是对大学生进行思想政治教育教学的主渠道和主阵地，对于提高他们的思想政治素质，把他们培养成中国特色社会主义事业的建设者和接班人，具有重大而深远的战略意义。思想政治理论课承担着把大学生培养成为德智体美劳全面发展的社会主义建设者和接班人的特定教学任务。2018 年 9 月，习近平总书记在全国教育大会上讲话指出：“党的十八大以来，我们围绕培养什么人、怎样培养人、为谁培养人这一根本问题，全面加强党对教育工作的领导，坚持立德树人，加强学校思想政治工作，推进教育改革。”其中，“培养什么人，是教育的首要问题。我国是中国共产党领导的社会主义国家，这就决定了我们的教育必须把培养社会主义建设者和接班人作为根本任务，培养一代又一代拥护中国共产党领导和我国社会主义制度、立志为中国特色社会主义奋斗终生的有用人才。这是教育工作的根本任务，也是教育现代化的方向目标。”

社会对大学生“德与才”的要求既有特定性，又有多方面性。所谓特定性是指社会对人才需求的价值取向是特定的，即成为社会主义可靠的接班人；所谓多方面性是指社会对大学生成才的具体方向需求是多方面的，即成为社会主义各行各业合格的建设者。随着我国高等教育从精英化向大众化发展，高校教师要有一种强烈的责任感，高校是“真正”素质教育的场所，学生在大学学习阶段，是知识得到增加、兴趣得到释放、能力得到提升的重要时期，大学阶段恰恰也是青年学生人生观、世界观成熟的关键时期。

大学生对思想政治理论课的学习缺乏原动力、积极性和主动性，思想政治理论课教学存在现实的困难。思想政治理论课教师应该正视和重视这种现实，并从这种现实出发思考如何开展教学。高校思想政治理论课教学的核心价值目标，就是要引导和帮助大学生理解、接受和认同马克思主义立场、观点与方法，增强大学生对中国特色社会主义的道路自信、理论自信、制度自信、文化自信，坚定中国特色社会主义共同理想，引领大学生立志为中国特色社会主义奋斗终生。

二、学生要明确为什么学习思想政治理论课

学生明确“为什么要学”思想政治理论课，有利于激发学习的积极性和主动性，充

分发挥学习主体的主观能动作用。

（一）自我人生价值实现的需求

教师要帮助学生明确“为什么要学”的问题，把它变成学生成长中的主动需求，从外在的灌输变成内在的自觉，这是思想政治理论课教学的最高境界，实现“要我学”向“我想学”“我要学”转变。

人都是有需求的，根据马斯洛需求理论，由低到高依次为生理需求、安全需求、爱和归属感、尊重和自我实现五个层次。在五个层次的需求中，马斯洛认为，生理需求是推动人行动最首要的动力。只有这些最基本的需求达到维持生存所必需的程度后，其他的需求才能成为新的激励因素，而此时，这些已相对满足的需求就不再成为激励因素了。以此类推，自我实现的需求是最高层次的需求，自我实现的需求是在努力实现自己的潜力，使自己越来越成为自己所期望的人物。“意识在任何时候都只能是被意识到了的存在，而人们的存在就是他们的现实生活过程。”人为什么活着？怎样活着才有意义？随着社会发展，人的“自我实现”的需要也会带有强烈的时代色彩。中国特色社会主义已经进入新时代，我国社会的主要矛盾已由“人民日益增长的物质文化需要同落后的社会生产之间的矛盾”转变为“人民日益增长的美好生活需要和不平衡不充分的发展之间的矛盾”，人们的需求已由低层次逐步向高层次递进，人们的自我意识能力和自我实现需求与日俱增。

大学生如何认识自身所处的时代和自身所在的国家，如何做好自身发展与时代要求、国家发展要求的契合，思想政治理论课若是能够回答大学生所关注的问题，解答大学生成长与发展中的困惑，那么自然会成为受大学生欢迎的课程。

（二）个人成长社会化的需求

马克思主义关于人的本质的理论认为，人的本质不是单个人所固有的抽象物，在其现实性上，它是一切社会关系的总和。人是特定历史环境下的产物，人离不开他所生活的时代和环境，不同时代的人们都有不同时代的烙印。人的本质是一切社会关系的总和。一个人要安身立命、成长成才、贡献社会，需要不断地调整自身与他人的关系，不断实现人的社会化。其中最为重要的，就是要正确认识自己、认识他人、认识社会，学习掌握运用道德和法律规范，正确调整自己的行为。人要顺应时代，自我人生价值的实现离不开社会客观环境。中国特色社会主义进入新时代，意味着近代以来久经磨难的中华民族迎来了从站起来、富起来到强起来的伟大飞跃，迎来了实现中华民族伟大复兴的光明前景。国家的繁荣富强，国际影响力的提升，为新时代的每个中国人提供了前所未有的发展环境，大学生的成长成才诉求与国家发展对人才的需求有着高度的契合。大学生自身成为一个怎样的人才是国家所需、时代所需？思想政治理论课恰恰回答了“国家需要怎样的人”，同时又回答了“怎样成为那样的人”的问题。

三、坚持以习近平新时代中国特色社会主义思想为指导

培养什么人、怎样培养人、为谁培养人，是中国特色社会主义教育要着力解决的根本问题、核心问题。新时代要努力培养担当民族复兴大任的时代新人，培养德智体美劳全面发展的社会主义建设者和接班人。办好思想政治理论课，用习近平新时代中国特色社会主义思想铸魂育人、立德树人，是实现这一育人目标的根本途径。

习近平强调，办好思想政治理论课关键在教师，关键在发挥教师的积极性、主动性、创造性。思想政治理论课教师要给学生的心灵埋下真善美的种子，引导学生扣好人生第一粒扣子。第一，政治要强，让有信仰的人讲信仰，善于从政治上看问题，在大是大非面前保持政治清醒。第二，情怀要深，保持家国情怀，心里装着国家和民族，在党和人民的伟大实践中关注时代、关注社会，汲取养分、丰富思想。第三，思维要新，学会辩证唯物主义和历史唯物主义，创新课堂教学，给学生深刻的学习体验，引导学生树立正确的理想信念、学会正确的思维方法。第四，视野要广，有知识视野、国际视野、历史视野，通过生动、深入、具体的纵横比较，把一些道理讲明白、讲清楚。第五，自律要严，做到课上课下一致、网上网下一致，自觉弘扬主旋律，积极传递正能量。第六，人格要正，有人格，才有吸引力。亲其师，才能信其道。要有堂堂正正的人格，用高尚的人格感染学生、赢得学生，用真理的力量感召学生，以深厚的理论功底赢得学生，做让学生喜爱的人。

思想政治理论课教师要从以上六个方面下功夫，才能胜任思想政治理论课教学，才

有可能帮助学生明确“为什么要学”思想政治理论课的问题。

马克思主义认为，“思想”一旦离开“利益”，就会使自己出丑。因此，思想政治理论课教师应深入关注当代大学生成长发展的合理利益诉求，以满足大学生长远的、根本的现实生活利益需求为切入点，引导大学生认识和领会马克思主义中国化最新理论成果与自我人生价值实现的内在联系，从而实现大学生对思想政治理论课教学内容的情感共鸣和价值认同。

第二节 高校思想政治理论课的教学语言锤炼

近年来，我国高校思想政治理论课的教学质量稳步提升，取得了丰硕的成果，积累了很多宝贵的经验，但在多种因素的影响下，一些高校思想政治理论课的教学质量还有待进一步优化和提升。高校的思想政治理论课建设，应更好地实现理论讲授与实践教学的统一、实体课堂与网络课堂的贯通、教师领学与学生自学的互动、思想政治课程与课程思政的协同，这是增强高校思想政治理论课教学质量的重要途径。

高校思想政治理论课是我国高校落实立德树人任务的关键课程，是我国意识形态教育与宣传的重要渠道和主要阵地。优质的高校思想政治理论课，能为培养德智体美劳全面发展的社会主义建设者和接班人保驾护航。全国各高校为优化高校思想政治理论课教学质量进行了广泛而深入的探索和研究，积累了很多宝贵的经验和成果。根据党中央对高校思想政治理论课的要求，结合我国高校思想政治理论课的教学实践，可以着力从下列几个方面来提升高校思想政治理论课的教学质量。

一、理论讲授与实践教学的统一

高校思想政治理论课教学要以理论教学为主、实践教学为辅，实现理论教学与实践教学的有机统一。

（一）晓之以理，提高理论讲授的说服力

“理论只要说服人，就能掌握群众；而理论只要彻底，就能说服人”。全面、深刻而准确地理解教材所呈现的教学内容，这是高校思想政治理论课教师讲好高校思想政治理论课的前提。高校思想政治理论课教材已经进行了多次修订，内容在不断更新。教师要想准确理解教材，必须在研读教材的基础上，阅读与教材有关的马克思主义经典著作。例如，对于马克思主义基本原理概论这门课程，任课教师要着重阅读马克思、恩格斯、列宁等相关著作；对于毛泽东思想和中国特色社会主义理论体系概论这门课程，任课教师要着重阅读《毛泽东选集》《邓小平文选》《江泽民文选》《胡锦涛文选》《习近平谈治国理政》等。高校思想政治理论课教师只有研读教材和相关著作，才有可能从学理层面讲清楚教材中的重点和难点。例如，要想讲清楚经济基础这一概念，就要阅读《〈政治经济学批判〉序言》和《资本论》等，从不同的角度讲清楚何为“生产关系的总和”。

高校思想政治理论课教师不仅要能从学理层面讲清楚教学内容的理论逻辑、历史逻辑和实践逻辑，而且必须把这些内容与当代中国的国情紧密地结合起来。这种结合既能阐明教学内容本身，又能增强理论讲授的说服力。例如，在讲授生产力与生产关系之间、经济基础与上层建筑之间的关系时，既要从学理层面阐明人类社会发展的规律，又要运用这一原理说明全面深化改革的必要性。再如，在讲授中国特色社会主义进入新时代这一知识点时，要通过具体的案例和相关统计数据，说明党的历史性变革和历史性胜利，根据历史沿革和生活实际分析我国社会主要矛盾的变化，阐明为什么说中国特色社会主义进入了新时代，进而讲清楚其内涵与意义。

高校思想政治理论课教师还应学习和研究历史，如果缺少历史的思维，是很难把一些教学内容讲清楚的。例如，在讲授我国民族区域自治制度的时候，就要弄清楚我国自古以来就是一个统一的多民族国家，懂得中华民族近代以来反抗外来侵略斗争的历史，明白我国人口分布格局的形成过程。这是讲清楚我国为什么确立民族区域自治制度的必要条件。作为高校思想政治理论课的教师，要以马克思主义理论为根本，以历史思维为基础，以全球视野通古今之变，能学贯中西、纵横开阖地讲好教学内容。

（二）因地制宜，开展丰富多彩的实践教学

实践教学是通过社会实践来开展思想政治理论教育的教学活动。与理论讲授相比，实践教学具有鲜明的直观性、广泛的参与性，以及真切的体验性。通过实践教学，能够激发大学生对马克思主义理论的学习兴趣，深化大学生对马克思主义理论的理性认识，增强大学生对马克思主义理论的情感认同，坚定大学生对马克思主义理论的理想信念。

近年来，我国高校在实践教学方面形成了百花齐放的繁荣景象，涌现出了拍摄微电影、召开读书会、带领学生参观和调研等多种实践教学活动，取得了丰硕的成果，为进一步提升高校思想政治理论课实践教学的实效性提供了宝贵的经验。

开展实践教学，要根据各校的实际情况来进行，高校应充分利用当地的资源，应用各具特色的实践教学方式。有丰富的红色教育资源和相关博物馆的高校，可以通过参观学习的形式开展实践教学；办学条件较好的高校，可以开展以拍摄微电影为代表的难度较大的实践教学活动，也可以通过组织学生听取相关的学术报告，深化和拓宽学生对马克思主义理论的理解与认识；艺术类院校可以通过歌唱、舞蹈、绘画、话剧，以及歌剧等文艺表演形式开展实践教学；办学条件相对不足的高校，可以观看《厉害了，我的国》《这就是中国》《百年潮·中国梦》《我们一起走过——致敬改革开放四十周年》《正道沧桑——社会主义五百年》等优质视频，也可以通过实地考察和网络调查的方式开展实践教学。

总之，实践教学没有固定的方式，要根据具体情况具体分析并选择应用。但实践教学作为理论教学的重要补充和辅助形式，不能喧宾夺主，不能脱离教学内容而游离于马克思主义理论之外，要以教学内容为中心，选择适当的实践教学形式，促进学生感性认识与理性认识的良性互动，进而实现理论教学与实践教学的有机统一。

二、实体课堂与网络课堂的贯通

随着我国信息化程度的不断提高，我国高校思想政治理论课教学既面临着新的挑战，又面临着新的机遇。高校思想政治理论课要在继往开来的过程中，不断推进其现代化进程。

（一）薪火相传，展现实体课堂的魅力

近年来，随着信息技术在高等教育领域的广泛应用，出现了以网络为载体的新的教学形式。那么，网络思想政治理论教育能否代替实体课堂呢？网络思想政治理论教育作为新的教学形式，虽然有其优势，但不能完全代替实体课堂，原因主要有下面三点。

第一，网络思想政治教育与受教育者之间往往不处于同一时空之中，教师与学生之间缺乏了解与认识，师生之间难以实现教学相长。

第二，网络思想政治教育难以实现因材施教。如果某一网络课程在较大的范围内推广，不根据不同层次、不同类型和不同个体进行有针对性的教育，那么单纯使用这种教育方式就很难做到因材施教。高校思想政治理论课不仅要传授知识，而且要使受教育者树立正确的理想信念和价值观。

第三，很多网络思想政治理论课程难以做到随时更新教学内容。有些网络思想政治理论教育是在线直播，但数量相对较少，而更多的网络课程是编辑好的视频资料。这些视频教学资料的制作和实际教学使用往往存在一定的时间差，这种时间差就使其不能与马克思主义理论的发展完全同步。

基于以上原因，网络思想政治理论教育不能代替实体课堂。无数教育家对实体课堂的教学方式进行了广泛而深入的研究，我们要继承其成功经验，并不断改革创新。高校思想政治理论课教师要不断更新和优化自己的马克思主义理论水平，优化教学方式方法，提高自己的语言表达能力，分析和研究学生的思想动态，实现因材施教和教学相长。

（二）守正创新，释放网络课堂的潜力

网络课堂是以网络形式存在的课堂，与实体课堂相比，网络课堂具有跨时空性、丰富性、互动性和虚拟性的特点，以网络为载体的思想政治理论课堂方兴未艾。虽然网络思想政治理论教育不能代替实体课堂，但网络思想政治理论教育必定是传统思想政治理论课堂的有益补充。高校思想政治理论课要在坚持和强化其意识形态性、理论性和思想性的前提下，借助互联网技术，不断推动其创新发展。

一方面，要在传统的实体课堂中适当地运用网络信息技术开展思想政治理论教育。近年来，国内开发了多种教学辅助工具和软件，这些教学辅助软件具有随机点名、播放

教学视频短片、课堂测试、成绩排名等功能，能拓宽课堂教学的广度和深度，增强学生学习的主动性，教师能及时了解学生的学习情况，进而开展有针对性的教育。

另一方面，要让学生在课堂之外学习以网络为载体的思想政治理论教育的相关内容。例如，我国名校制作的与高校思想政治理论教育相关的慕课，有利于促进优质教育资源的共享，缩小院校之间教育水平的差距，促进院校之间互学互鉴，能拓宽学生的视野，增强其对马克思主义理论的理解和认识。又如，可以鼓励大学生通过学习强国网络学习平台，了解与高校思想政治理论课教学内容有关的资讯，从不同角度掌握马克思主义理论，不断更新自己的知识结构，树立正确的世界观、人生观和价值观。高校思想政治理论课教师要积极学习网络思想政治理论教育的知识与相关技能，适当运用网络教育技术，不断创新高校思想政治理论课的授课形式，实现实体课堂和网络课堂的有机结合，推动其实现良性互动。

三、教师导学与学生自学的互动

高校思想政治理论课教学，既不能弱化教师在教育教学中的主导作用，又不能忽视学生在课堂教学中的主体作用，单纯的“教师中心论”和“学生中心论”皆不可行，促进师生之间实现良性互动才是正确的方向。

（一）言传身教，发挥教师的主导性

高校思想政治理论课教师要发挥其主导作用，既要成为马克思主义理论的传道者、授业、解惑者，又要成为马克思主义理论的问道、求道、释道者，具体应关注下面几点。

第一，坚定马克思主义信仰。高校思想政治理论课教师要不断学习马克思主义理论，坚定自己的马克思主义信仰，自觉抵制和批判错误的思想观念和社会思潮。高校思想政治理论课教师要信马、言马，只有自己真学、真懂、真信，才能引导学生树立马克思主义理想信念。

第二，不断提升理论水平。高校思想政治理论课教师要以教材为根本，但不能只局限于教材。因为马克思主义理论是不断丰富和发展的，教材很难及时同步更新，所以高

校思想政治理论课教师要以学习为根基，以研究为动力，不断更新自己的知识结构和理论水平，用最新的理论成果武装自己的头脑。高校思想政治理论课教师不能照本宣科，而要在学懂弄通的前提下，把教材的语言转化为生动活泼的教学语言，通过富有理论性和思想性的讲解，使大学生既能知其然，又能知其所以然，进而内化于心、外化于行。

第三，因材施教。高校思想政治理论课教师要通过观察、提问、访谈和问卷调查等方式，全面了解学生的思想动态，研究学生的身心发展规律，关注学生的实际需要，能够针对大学生关注的思想政治问题和人生发展问题，以富有亲和力、说服力和感染力的说话方式为其答疑解惑，开展有针对性的教育。

第四，完善自己的品行。高校思想政治理论课教师要不断提高自己的学识和品德，通过丰厚的学养和高尚的德行，使学生受到潜移默化的影响和教育。

（二）好学不倦，激发学生的主体性

增强大学生学习思想政治理论课的学习效果，使其入脑入心，关键在于要充分发挥大学生学习思想政治理论的主动性和积极性。这就要求高校思想政治理论课教师在教学的过程中，能够培养学生自主地学习马克思主义理论的能力。

具体来讲，教师应该关注下面几点。

第一，增强教学的吸引力。教师可以通过声情并茂的讲授吸引学生的注意力，通过鞭辟入里的分析引导学生认同马克思主义理论，通过丰富多彩的课堂活动激发学生的学习兴趣。

第二，要让大学生更真切地感受到学习思想政治理论课的意义和价值。高校思想政治理论课教师要使学生更加充分地认识到思想政治理论课对大学生个人和国家发展的重要性。高校思想政治理论课教师要在为大学生排忧解难的过程中，使其更深切地体会到思想政治理论课的作用。

第三，高校思想政治理论课教师要让学生感受到学习的快乐。高校思想政治理论课教师要组织学生更好地参与到课堂教学之中，可以通过讲课比赛、辩论赛、讨论，以及演讲等方式，让学生在合作与竞争中感受到学习的乐趣。

第四，高校思想政治理论课教师要对学生的学习结果进行及时反馈。高校思想政治理论课教师在教育教学的过程中，对于优秀的学生要进行表扬，对于表现较差的学生要

进行适当的提醒和批评。对大学生学习结果的及时反馈，有利于激发其学习兴趣，不断调整其学习行为。

四、高校思想政治理论课的教学语言

现代教育背景下的思想政治理论课教学，应依据党的十九大的要求进行创新。因此，高校教师应利用多元化的教学语言，不断丰富课堂内容，使传统的理论课教学模式得到优化。

高校教师不仅是学生学业的向导，更应当以培养学生的思维辨析能力为核心，让学生的道德素养得到全面提升。由此可见，教师应不断优化课堂本身，弥补传统教学方式的缺陷，锤炼出科学、合理的教学语言，从而提高学生的学习积极性和学习兴趣。同时，在锤炼教学语言的过程中，教师也需要将思想政治理论课的框架融入其中，并凝练出最精简的语言逻辑和语言结构，使学生吸收先进的教学思想和内容。

（一）高校思想政治理论课的本质

习近平总书记在中国人民大学考察时指出："思政课的本质就是讲道理。要注重方式方法，把道理讲深、讲透、讲活。"思想政治理论课作为高校贯彻落实立德树人根本任务的关键课程，要做好为国家培养德智体美劳全面发展的社会主义建设者和接班人的任务。

第一，思想政治理论课要把道理讲深、讲透、讲活，就必须不断地提高思想政治理论课教师的水平。广大思想政治理论课教师要加强对思想政治理论的学习，充分学习习近平新时代中国特色社会主义思想理论体系，领会马克思主义的立场。同时，要加强思想政治理论课教学科研实践，实践是检验真理的唯一标准。教师还要努力拓宽自己的视野，不仅要将自身的理论知识运用到世界多元化发展的研究上，而且要积极涉猎其他学科的知识，为交叉学科的发展做好准备。

第二，思想政治理论课要讲好道理，必须坚持问题导向，坚持理论性与实践性相统一，注重结合实践解答学生的问题。我国现阶段正处在实现中华民族伟大复兴的关键阶段，同时也面临着世界百年未有之大变局，所以坚持和发展中国特色社会主义面临着新的重大理论和实践问题。高校思想政治理论课教师要坚持问题导向，把学生关心的问题讲深、讲透、讲活，也要注重引导学生多问、多讨论，在明辨是非中凝聚共识。

第三，思想政治理论课要注重创新方式方法，不能从书本到书本、从理论到理论。一方面，教师要丰富学生的学习载体。积极探索“大思政课”的实践路径，不断创新教学方法，充分利用新媒体新技术，大力发挥“云思政”的育人优势，善于依托智慧教室、网络空间，用学生喜闻乐见的方式把道理讲得更鲜活更生动。另一方面，要凝聚育人合力。切实发挥思想政治理论课培根铸魂的作用，必须有效凝聚家庭、学校、社会协同育人的强大合力，让各方面力量一起来讲好道理。坚持系统观念，做好整体规划，整合资源和力量，形成校内校外协同育人的良好局面。充分发挥社会实践“第二课堂”的独特优势，让学生在实践中开阔眼界、了解社会、增长才干，受到思想政治教育。

（二）锤炼思想政治理论课堂教学语言的作用

锤炼思想政治理论课程的教学语言，能让学生在一定教学计划范围内形成发展性的人生价值观，有利于让学生形成正确的思想观念。因此，教师要重视锤炼课堂语言，培养学生的思维能力，使学生清晰地了解正确内容和错误内容的区别。教师务必精准锤炼思想政治理论课堂的语言内容，理解课程的核心作用，其作用主要包括下列几点。

1.提高课堂效率

在思想政治理论课堂上，教师应使用简洁、准确的语言，利用新媒体突出某一事件的过程及影响。例如，现阶段，在高校的思想政治理论课堂上，教师会借助新媒体技术进行教学，利用精准的语言讲述社会主义指导性思想，有利于让学生在潜移默化的教学引导中形成社会主义意识，这对于提高课堂教学效率是有利的。同时，思想政治理论课对学生的成长是有利的。因此，锤炼思想政治理论课的课堂语言，能显著提高课堂效率。

2.突出教学重点

简洁、准确的板书语言能让学生根据教师的板书了解到课程的重点。教师通过阐述思想政治理论课框架，借助对应的教学手段细化对某一知识点的讲述，有利于加深学生对理论内涵的理解。此外，学生可借助学习工具学习相关知识点的运用方法，并在学习中举一反三，有利于减少学生之间、师生之间的矛盾，从而构建更稳定的教学环境。

（三）合理运用思想政治理论课堂教学语言的措施

1.合理运用课堂语言，突出教学重点

思想政治理论课是烦琐而又乏味的，这就要求教师能够把握住教学重心，并围绕这一教学重心进行总结。教师在引出教学问题时，需要使用较为精炼的语言总结这一问题所涉及的知识点和相关内容，使学生在认知规律的过程中掌握理论的内涵，不断活跃学生的思维，从而彰显课程的实践性。

教师应从以下几方面做到合理运用课堂语言。

第一，教师需要把握政治课程的严谨性。所有理论课程都是非常严谨的，需要以理性、客观的态度看待所遇到的问题，使用准确无误的语言对这一问题进行探讨。教师应通过较为正式的形式，引导学生对问题进行推理探索，以此提升概念的准确性和严谨性。当学生对某一理论问题有疑问时，教师应积极进行系统的解答。例如，在某学院的思想政治理论课上，教师引导学生以自己的认知讲述“生命接力”的意义。一名同学讲述了他捐献骨髓的经历，并借助视频对这一事件进行了呈现。由此，其他同学也理解了骨髓捐献的意义，也能从这名同学身上学习到担当和责任的内涵。值得注意的是，在这个过程中，师生必须保证内容的严谨性，这样才能引导学生认知“奉献”的使命和意义，也有利于学生们自主地理解身边小事的意义，透彻理解社会主义核心价值观对个人成长的作用。

第二，教师需要把握学术语言的规范性。任何政治学术语言都是专业的，教师要精准用词，使用规范的术语和有针对性的逻辑推理让学生理解和信服。例如，在讲述利润和收益的关系时，教师需要借助对应的生活场景，对所涉及的经济问题进行探知和分析，借助数字阐述问题和事件的真实性。同时，在探讨经济贸易这一问题时，必须结合各国的经济储备和经济情况进行探索，引导学生利用精准的数字来分析基本理论的差异性。

第三，教师需要把握理论的关联性。几乎所有的思想政治理论都是有关联的，教师需要分析出理论的层次特点，借助每一层级的大小进行条理划分。由此，教师一定要注意课程内容的先后顺序，在必要的条例中予以层层推进，使专业的术语得到有效拆解，这样不仅有利于学生明确学习计划，而且能让学生听懂思想政治理论内容并理解关联理

论内容。

2.完善理论储备，发挥教学特点

诸多理论课程都是与时俱进的，教师需要不断学习思想政治基础理论，不断丰富自身的理论储备，形成自己的教学特点。由此，教师需要认真学习并掌握国学、历史学、政治学、经济学，以及心理学等方面的内容。掌握这些知识，能够提升教师自身的知识素养，可以根据学生的不同特点采取针对性的教学方法，提高授课的有效性。此外，教师需要具有自身的教学特色，丰富课堂教学内容，应从下列几个方面来提高课堂效果。

第一，根据教学大纲的要求，制定导学方向。例如，教师可结合某一政治事件或社会热点，要求学生从“实验”的角度来理解，并对这个问题进行讨论和走向预测。当学生提出不准确的判断或是有不当言论时，教师必须及时指导或者纠正，还要强调课堂纪律，使学生在学习的过程中注意知识的严谨性，有健康的心理和正确的价值取向。

第二，结合教学内容，提升课堂的主动性。教师应改变传统的思想政治理论课教学模式，侧重对学生的思想引导。教师可采用分组教学模式，将学生分成人数相近的教学小组，引导学生在小组讨论中进行理论学习、促进对理论的理解。同时，教师应要求学生养成自我学习的习惯，进而利于提高课堂教学的实效。

3.利用新媒体平台，寓教于人

思想政治理论课的教学形式需要更加“亲民”，主要是由于传统的教学模式和硬声硬气地讲授理论会使思想政治理论课变得枯燥无味，难免会导致学生缺乏对思想政治理论课的学习积极性。因此，教师要采用下列方式进行创新。

第一，巧用微课，借助热门的网络用语，让思想政治理论课教学充满活力。教师可引入带有正能量的词语，借助诙谐、幽默的语言风格阐述理论问题，能让教学起到事半功倍的效果。

第二，教师应利用微信、微博等，对课堂语言进行教学设计，使教学课堂不失文学色彩。大学生的思想普遍较前卫，教师应适当加入更加亲和的网络流行用语进行教学，既能拉近师生间的距离，又能促进思想政治理论教学。

第三，在教学过程中，教师应适当调节讲课的音量和语速，切不可让课堂气氛过于沉闷。当学生想在课堂上发表自己的观点时，教师应鼓励学生利用合适的方式表现自我，这有利于调节课堂环境，促进学生的理论学习。

4.营造良好的教学氛围，突显教学语言魅力

教师在教学过程中营造良好的教学氛围，采取积极、向上的态度进行思想政治理论课教学，有利于学生积极参与到课堂探索中，使师生的思维、情感和意识产生共鸣。因此，教师要从下列几个方面积极营造教学氛围。

第一，教师应深度挖掘现有的教材内容，并进行思考和总结，将生活中的时事、政治、文化元素融入实际教育，培养学生的发散性思维，使学生能根据课本中的理论知识联想到相关的案例，利于提高学生的代入感。例如，教师可对 2020 年全国两会内容进行讲解，让学生积极表达自己对于时事政治的看法。这不仅有利于促进学生对理论知识的学习，而且能提高学生在课堂上的积极性。

第二，教师要用幽默、风趣的语言对具体的知识点进行讲解，有利于为学生们进行理论学习提供良好的教学氛围。例如，教师可引入一些网络词汇，分析其词性及用法，从而活跃课堂气氛。但要注意的是，不要大量使用网络词汇，否则可能会导致对思想政治理论的内容讲解、分析不到位，无法引发学生对某一事件、某一案例的思考。

第三，可采用探究式教学方式活跃课堂的气氛，引导学生通过互联网查询相关的资料，并对某一知识点进行讨论和探究。教师需要提炼教学语言，用简单、易懂的语言讲述理论的内涵，突显学生的主体地位，利于学生更深入、更专注地探究具体的学科问题。此外，教师要在课堂中融入其他学科的内容，如社会学、心理学等内容，及时关注学生的心理状态，使其积极、主动地进行思考和探究。

第四，教师要合理应用微课促进教学，可选择有教育意义的典型事例，让学生用不同的思路进行思考和判断。通过不断丰富现有的教学资源，提高教学的灵活度，能逐渐提高思想政治理论课的影响力，进而让学生养成自主思考、综合探究的好习惯。

综上所述，教师要根据高校思想政治理论课的特色，用鲜活的教学语言及合理的教学方式，积极给高校思想政治理论课营造良好的教学氛围。同时，教师要不断完善自己，不断强化语言的表达效果，让课堂语言更加丰富、有活力，应用多元的教学模式提高学生的学习效果。

总之，高校教师要千方百计地引导学生自主学习思想政治理论，这样才能起到事半

功倍的效果。知之者不如好之者，好之者不如乐之者。只要大学生在学习的过程中乐此不疲，那么学习的过程对他们来说就是快乐的求知之旅、思想之旅和成长之旅。

五、高校思想政治理论课与通史意识

高校思想政治理论课教学具有通史意识，可以帮助学生厘清教材内容、深化认识，有助于坚定学生对中国特色社会主义的理想信念，并达到教育的目的，还有益于塑造学生的认知结构和思维方式，培养新时代的高素质人才。在实践教学中，高校思想政治理论课教师可以从古今纵向历时性之“通”（历史发展的连续性）和“变”（各历史阶段的不同特点）、共时空的横向之通，以及历史的整体性研究入手，以拓展高校思想政治理论课教学的深度，提高教学的实效性。高校思想政治理论课教学具有通史意识，尤其是要注意在高校思想政治理论课教材内容下进行，要从叙事到反思再到后思，将叙事、反思与后思相结合，拓展教学思路。高校思想政治理论课教师还要不断提升理论素养，增加专业知识的储备量。

高校思想政治理论课的教学目的是立德树人，帮助大学生树立正确的世界观、人生观和价值观。“金课”概念提出后，要求高校思想政治理论课“合理提升学业挑战度、增加课程难度、拓展课程深度，切实提高课程教学质量”，这就对新时期思想政治理论课教师提出了更高的要求。

通史意识是指通古今之变的意识，它要求史学家在叙述历史时注重从变化中考察历史发展的进程，要揭示出纵向历史之“通”和“变”与横向共时空历史人物活动之间的关系，并用之当下，推及未来。通史意识是中国史学的优良传统，它对于推进中国近现代史纲要、毛泽东思想和中国特色社会主义理论体系概论，以及马克思主义基本原理概论等思想政治理论课的教学具有重要意义。下面试以通史意识对高校思想政治理论课教学的影响为中心展开，主要探讨通史意识对高校思想政治理论课教学的作用、通史意识在高校思想政治理论课教学中的运用，以及在实践教学中需要注意的问题。

（一）通史意识对高校思想政治理论课教学的作用

1.帮助学生厘清教材内容，深化认识

从宏观层面看，思想政治理论课涉及的历史内容起于原始社会、终于现在，横向则涉及整个人类世界，思想政治理论课教师在教学中具有通史意识，便能够有意识地揭示出纵向历史之“通”和“变”与横向共时空历史人物活动之间的关系，并酌古斟今，用之以当下及未来。这不但能够帮助学生厘清教材的内容，揭示历史发展的趋势和规律性，而且能够突破教材内容的局限而升华认识。

通史意识必须寓于具有反省可能与必要的、覆盖较长时间的史书中，但通史中“通”之精神却可以应用于思想政治理论课个体的教学中。具体到思想政治理论课的教学中，任何历史事件和具体思想都有其诞生和发展变化的政治、经济、文化及知识谱系的背景，思想政治理论课教师具有“通”之意识，在教学中便会把历史事件与具体思想置于时间和空间的坐标上，纵向历史考察其产生的背景、发展变化的过程，并揭示出与横向共时空人物活动的关系，进行综合，得出结论，这有助于教师把教材内容讲清、讲透、讲深。

在高校思想政治理论课教学中，宏观层面的通史意识和个体讲授中“通”之精神二者互为补充，相得益彰，这不仅可以帮助学生厘清教材内容、深化认识，还可以推进整体与个体之间的循环解释，提高学生对思想政治理论课教学内容的认识层次。

2.有助于学生坚定中国特色社会主义理想信念

习近平总书记在 2016 年召开的全国高校思想政治工作会议上的讲话中指出：“要教育引导学生正确认识世界和中国发展大势，从我们党探索中国特色社会主义历史发展和伟大实践中，认识和把握人类社会发展的历史必然性，认识和把握中国特色社会主义的历史必然性，不断树立为共产主义远大理想和中国特色社会主义共同理想而奋斗的信念和信心。”思想政治理论课教师具有通史意识，能够帮助学生认识历史、现实，以及未来之间的联系，认识世界各国在每个历史阶段都具有不同的任务和特点，但相互间又是可通的，即古今有变而又相通，历史具有直接性和间接性的统一，因而共产主义远大理想和中国特色社会主义理想是可以实现的，从而增强学生的“四个自信”，帮助学生坚定中国特色社会主义理想信念。同时，通史意识也会让学生更清楚地认识到，中国和

世界其他国家每个历史阶段目标的实现都是横向共时空人物努力的结果。大学生是社会发展的生力军，代表了社会的发展方向，大学生增强了对未来共产主义社会和中国特色社会主义的信心，并树立为之奋斗的信念，便会在实践中不断提升对自身的要求，有助于树立积极的世界观、人生观和价值观，也就是达成思想政治理论教育的目的。

3.有益于塑造学生的认知结构和思维方式

从认知的层次来说，人类的认识始于个体，但要真正认识个体，则必须把个体置于整体之中，人类认识的最终目的是要建立对整体的认识。从认知的意义上来说，人类对历史的认知是出于对现实的需要，既是为了探寻当下自我存在的意义，又是为了从历史进程中寻求经验，用之当代并推及未来。高校思想政治理论课教学具有通史意识，教师可以把教学中的个体置于整体视野中，从而打破课堂对个体的简单堆砌，有助于培养学生对历史进行宏观思考和整体把握的能力，进而实现综合、得出结论，即达到用之当代并推及未来的目的。

（二）通史意识在高校思想政治理论课教学中的运用

高校思想政治理论课教学具有通史意识，要揭示出古今纵向历时性之“通”和“变”，共时空的横向之通，并注重政治、经济、文化和社会的整体性研究，提高思想政治理论课教学的实效性。

1.古今纵向历时性之“通”和“变”

人类以当下为基点，把时间分为过去、现在和未来，现在渐渐变为过去、将来渐渐变为现在，时间是不断变化的，但呈现、记录在时间中的历史是有间断的，表现为不同性质的历史阶段。思想政治理论课教材把历史划分为不同的发展阶段，“通”中有“变”，“变”中有“通”，高校思想政治理论课教师要揭示出其中的“通”与“变”，以及二者之间的关系。

以中国近现代史纲要课程的教学为例，教材从政治史角度讲述了1840年以来中国的历史，其中，从1840年鸦片战争爆发至1949年中华人民共和国成立，是中国的近代史；1949年中华人民共和国成立至今的历史，是中国的现代史。中国近现代史纲要课程不具备通史体例，却具有通史精神，如教材综述部分讲述了鸦片战争前的中国与世界，所以起点早于1840年鸦片战争的爆发，已超出近现代范围，是通史精神的体现。中国近现代史纲要课程教师可从通史层面来把握和讲述教材内容。

中国近现代史纲要课程主要讲述了中国近现代历史的变迁，因为中国近现代历史本身就是不断变化的。其中，最重要的变化有两处：一是近代中国政治制度的变化，由晚清的封建制度到资产阶级统治制度，再到社会主义制度；二是近代中国各历史阶段社会主要矛盾的变化，由封建社会的地主阶级和农民阶级的矛盾，到帝国主义和中华民族、封建主义和人民大众的矛盾，再到人民日益增长的物质文化需要同落后的社会生产之间的矛盾，最后是现阶段人民日益增长的美好生活需要和不平衡不充分发展之间的矛盾。

中国近现代史纲要课程教材也讲述了“通”，主要为对自由、富裕、美好生活的向往是中国人民的日常行动目标，是每个历史阶段中国人民一切行为的基础。中国近现代史纲要课程教材的历史之通在于两点：一是中国由封建君主专制制度到社会主义制度的变化，是由人类社会的发展规律所决定的，人类社会由低级到高级的发展是一个客观必然的历史过程，由此“共产主义崇高理想及其最终实现”这一命题便有了更深刻的内涵；二是近代中国社会的主要矛盾在不断发展变化，其中，变中之通各阶段矛盾的解决在于中国共产党的领导，这样可以升华大学生对只有中国共产党才能救中国，只有中国共产党才能发展中国、才能引领中华民族实现伟大复兴等思想的认识。

2.共时空的横向之通

刘家和曾言：“严格的‘通史’必须具备一种‘把历经古今变化的历史视为一体不断发展的过程’（或者说把历史视为常与变的统一）的精神。”即通史意识除必须具备古今纵向历时性之“通”与“变”之外，还必须具备共时空的横向之通意识，体现在两个层面：一是把历史视为共时空的一个有机联系的整体的意识；二是把对个体的认识置于共时空的联系和整体之中，从整体的视角认识个体。

历史人物的活动、联系及变化，构成了历史阶段的不同特点，也决定了历史纵向发展之“通”与“变”。古今纵向历时性之“通”与“变”与共时空的横向之通，共同构成了历史发展的进程。高校思想政治理论课教师还要揭示出古今纵向历时性之“通”与“变”和共时空的横向之“通”之间的关系，这样不仅可以使学生在纵横之中把握历史进程、升华认识，而且可以提高学生思考问题的能力。

3.历史的整体性研究

高校思想政治理论课教材主要讲述了1840年以来中国的历史和人类历史发展长河中资本主义社会及以后的世界，但具体内容已超出这一范围，可视为中华民族和整个人类世界的文明史。人类文明史包括政治史、经济史和文化史等，它们彼此独立、自成体系，却又有着千丝万缕的联系，它们作为文明史的有机组成部分，共同构成了文明史这一整体。高校思想政治理论课教学中的通史意识，不是仅指思想政治理论课教学具有政治通史意识这一个方面，就纵的方面而言，思想政治理论课教学应具有政治通史意识、经济通史意识和文化通史意识等；就横的方面而言，则要把政治、经济和文化等作为一个有机的整体进行讲述。

例如，关于中国近现代史纲要课程第四章“开天辟地的大事变”的讲述，思想政治理论课教师既要从纵的方面帮学生厘清由北洋军阀政府统治时期以孔学为正统思想的封建主义的旧文化，到1915年至1919年五四运动前资产阶级民主主义的新文化，再到1917年俄国十月革命后马克思主义在中国的传播这一文化的演进路径，又要从横的方面，揭示1917年俄国十月革命的爆发给中国送来了马克思主义，马克思主义与中国革命相结合，推动了中国共产党的创建，并由此对中国政治、经济、文化和社会生活等产生至深至远的影响。这样，学生对马克思主义是关于无产阶级解放、全人类解放和每个人自由而全面发展的学说，是指引人民创造美好生活的行动指南这一理论便有了更加鲜活的认识。

航海大发现后，人类世界成为一个有着内在联系的有机整体，这个整体不是指特殊政治单位由地理上的联系而形成的整体，而是人类一体，任何事件就其发生的地方、目的和结果而言，都并非孤立的，彼此之间有着千丝万缕的联系，历史也就越来越成为世界的历史。当今世界各国相互联系、相互依存，全球命运与共、休戚相关，和平、发展、合作、共赢的时代潮流更加强劲，我们要“构建以合作共赢为核心的新型国际关系，打造人类命运共同体”。高校思想政治理论课教师在教学中，从整体性视角讲述教材内容，不仅可以帮助学生把教材内容系统化，而且可以使思想政治理论课教学具有更深刻的现实意义。

（三）通史意识运用于高校思想政治理论课教学需注意的问题

1.通史意识应主要在高校思想政治理论课教材的内容下进行

就纵的方面而言，高校思想政治理论课的中国部分的思想政治理论课教材主要讲述1840年以来的历史，世界部分的思想政治理论课教材则主要讲述了资本主义社会和社会主义社会的状况，以及对未来共产主义社会的展望。虽然具体内容已超出这一范围，中国部分在讲述1840年中国的历史之前，讲述了鸦片战争前的中国与世界，世界部分也讲到资本主义社会之前社会形态的演进和更替，但这两部分并非思想政治理论课教材的主要内容。因而，在思想政治理论课教学中的通史意识，对于这两部分内容的讲述要适度，应主要把其应用于讲述1840年以来中国的历史和资本主义社会，及其以后的世界。

就横的方面而言，马克思主义基本原理课程以整个人类世界为中心展开，中国近现代史纲要和毛泽东思想概论课程则主要讲述1840年以来中国的历史，彼时人类世界已经成为一个有机联系的整体，中国作为世界的一部分，又把中国史放在与外部世界的联系中进行考察，但中国近现代史纲要和毛泽东思想概论课程教材主要讲述的还是1840年以来的中国历史。总之，在纵、横两个方面，通史意识都应主要在高校思想政治理论课教材的内容下进行。

2.从叙事到反思再到后思，将叙事、反思与后思相结合

叙事是指历史学家用讲故事的形式展现过去的技巧。将叙事运用于高校思想政治理论课教学，可以增进思想政治理论课教学的生动性和活泼性。反思是指历史学家从具体历史事件中归纳出历史经验，以用于未来处理同类事件的见解。后思是对反思的再反思，它是在反思的基础上，以思想为对象，得出规律性的认识。通史意识是反思再反思，即后思。

高校思想政治理论课教学以历史为授课内容，以思想政治教育为目的。若想达到思想政治教育的目的，除了对历史个体的生动讲述、对具体历史事件进行反思外，还需要反思再反思，即后思。通史意识是后思，后思要在叙事、反思的基础上进行，思想政治理论课教师要做到从叙事到反思再到后思，将叙事、反思与后思相结合。这既体现了思想政治理论课教学从历史特殊性至历史一般性的认识过程，契合了大学生认识问题的逻辑，同时又兼顾了思想政治理论课教学的生动性和深刻性。

3.高校思想政治理论课教师要不断提升理论素养

司马迁所著《史记》正把“通古今之变”作为著述宗旨之一，较为全面地反映了通史的特点，以后各代不断丰富和发展。高校思想政治理论课教学具有通史意识，这就要求思想政治理论课教师既要掌握与通史相关的理论，又要在充分熟悉教材的基础上，查阅大量资料，增加知识储备，才能把通史意识灵活贯穿于思想政治理论课的教学过程中，达到拓展思想政治理论课教学深度和广度的目的。

要使高校思想政治理论课教学具有通史意识，就要培养学生突破经验思维层面，对历史及人类社会进行深度的本质思考的能力。这不仅关系到对学生的认知结构和思维方式的培养，而且关系到高校思想政治理论课“立德树人”目标的实现。

六、思想政治理论课与课程思政的协同

高校的思想政治理论课与其他课程之间的相互补充与相互配合，是提升高校思想政治理论课教学质量的重要途径。

（一）深化贯彻落实，引领思想政治理论课的发展

思想政治理论课是落实立德树人根本任务的关键课程。推进高校思想政治理论课的发展，关键是贯彻落实习近平总书记在全国高校思想政治工作会议和学校思想政治理论课教师座谈会上的重要讲话精神，主要应该关注下面几点。

第一，明确根本问题。高校思想政治理论课教师要围绕这个根本问题，明确教育目标，探索教育方法，坚定教育立场，努力通过自己的思想政治理论课教学，为培养中国特色社会主义的建设者和接班人发挥应有的作用。

第二，提高综合素质。高校思想政治理论课教师政治要强、情怀要深、思维要新、视野要广、自律要严、人格要正，要不断提高自己的业务水平和品德修养，成为德才兼备的高校思想政治理论课教师。

第三，深化思想政治理论课的改革创新。教师要通过多维互动和内外联通的方式，推动高校思想政治理论课的改革，增强高校思想政治理论课的实效性。

第四，加强对思想政治理论课的领导。各级党委要把思想政治理论课建设摆上重要议程，抓住制约思想政治理论课建设的突出问题，在工作格局、队伍建设、支持保障等方面采取有效措施。要建立党委统一领导、党政齐抓共管、有关部门各负其责、全社会协同配合的工作格局，推动形成全党全社会努力办好思想政治理论课、教师认真讲好思想政治理论课、学生积极学好思想政治理论课的良好氛围。各高校党委要加强对高校思想政治理论课的领导，解决制约高校思想政治理论课建设的突出问题，更好地推进其进步与发展。

（二）推进同向同行，增强课程思政的实效

要用好课堂教学这个主渠道，思想政治理论课要坚持在改进中加强，提升思想政治教育的亲和力和针对性，满足学生成长发展的需求和期待，其他各门课都要守好一段渠、种好责任田，使各类课程与思想政治理论课同向同行，形成协同效应。

发挥课程思政的实效，应关注下面几点。

第一，注重课程思政意识的培养。高校领导应对全校相关教师展开关于课程思政方面的宣传教育工作，使众多非思想政治理论课教师能够充分认识到自己所教的课程也有一定的思想政治教育功能，要通过深入研究和挖掘，使其所教的课程能够发挥各自的思想政治教育功能。

第二，促进课程思政教师与思想政治理论课教师之间的互学互鉴。高校思想政治理论课教师要与课程思政教师进行广泛而深入的沟通与交流。一方面，高校思想政治理论课教师可以通过讲座、座谈和研讨的方式，让课程思政教师了解思想政治教育的内容与目标。另一方面，课程思政教师可以向思想政治理论课教师介绍自己所教课程的梗概，与思想政治理论课教师探讨如何结合自己的教学内容来开展相关的思想政治教育。通过思想政治理论课教师与课程思政教师的沟通和交流，既能深化课程思政教师对马克思主义理论的理解与认识，又能优化思想政治理论课教师的知识结构，拓宽其学术视野。

第三，营造课程思政与思想政治理论课之间相辅相成的良好格局。高校的思想政治理论课与其他课程之间虽然有区别，但也有一定的联系。一方面，要通过高校思想政治理论课，为大学生学习其他课程时提供政治立场、理想信念和指导思想。另一方面，要通过高校课程思政的学习，深化大学生对思想政治理论课的理解与认识。

课程思政要与思想政治理论课程同向而行，尤其是与高校思想政治理论课联系较为紧密的经济学、社会学、法学、历史学、政治学、教育学、文学和新闻学等，在讲授这些课程的过程中，教师讲授的内容不能与马克思主义理论相背离，要从自己学科的角度，帮助大学生更好地理解马克思主义理论。对于自然科学方面的课程思政，也要从本学科的实际出发，帮助大学生更好地理解马克思主义理论，尤其是马克思主义基本原理和自然辩证法。例如，在讲解概率论与数理统计的时候，可以引导学生理解个别与一般的关系；在讲解相对论的时候，可以引导学生理解时间和空间的内涵。自然科学的发展是马克思主义理论产生的重要基础，对自然科学知之甚少，也很难更深入地理解马克思主义的基本原理。思想政治理论课与课程思政要相互呼应、互为补充、相辅相成，更好地提升高校思想政治理论课的教学质量。

第三节 高校思想政治理论课教学中的人文情怀

高校思想政治理论课是宣传马克思主义基本原理、中国特色社会主义理论及党的各项方针政策的主渠道，承担着对大学生进行社会主义核心价值观教育、为党和国家培养合格建设者和接班人的重要任务。但是，随着信息时代的到来，以及经济和社会的转型，思想政治理论课教师经常感叹思想政治理论课越来越不好教。如何上好思想政治理论课，需要思想政治理论课教师认真思考与研究。

2019 年 3 月 18 日，习近平总书记主持召开学校思想政治理论课教师座谈会并强调：“办好思想政治理论课关键在教师，关键在发挥教师的积极性、主动性、创造性……思政课教师要给学生心灵埋下真善美的种子，引导学生扣好人生第一粒扣子。”要上好高校思想政治理论课，教师必须具备三种人文情怀。

一、第一种情怀：用心投入是做好教学工作的基本要求

从古至今，任何人、任何行业，若没有用心投入的精神，是很难把工作做好的。北京师范大学教授吴玉军认为，目前，有很多人因工作、生活等表现出一种焦虑、浮躁、紧张的情绪，做出一些不当的行为，引发社会情绪波动。他倡导公民要理性平和、积极向上、自尊自信、用心地对待工作，做一行爱一行。

2019 年，中国女排第五次赢得世界杯冠军，为祖国和人民赢得了荣誉。中国女排取得的辉煌是“团结一心、艰苦奋斗干出来的”，她们不畏强手、敢打敢拼，打出了风格、赛出了水平，以优异的成绩再一次对以“团结协作、顽强拼搏”为核心的女排精神进行了完美的诠释。

用心做一份工作，就要舍得投入时间、投入精力。高校思想政治理论课教学是以大班的形式进行的，经常是一百多人的大课，且对不同专业的学生混合编班，在这种情况下，教师要维持课堂纪律、确保授课效果难度较大。要想很好地解决这个问题，高校思想政治理论课教师就要投入大量的时间和精力来研究、找原因、寻对策。

笔者执教的一个 135 人大班，是由社会体育和广告学专业的三个班级学生组成的。这个班的课堂纪律较差，笔者决定采取非常策略：先找各班的班干部谈话，了解各班的具体情况；再找特定学生聊天，查找原因。终于找到了原因，那就是他们觉得马克思主义基本原理概论这门课的哲理性太强、听不懂。于是，笔者在备课上花了很多时间和精力找资料、找视频、找案例、找往年考研真题等。在教学内容上，笔者力争做到深入浅出；在教学方式上，根据教学内容灵活运用案例教学法、情境教学法、视频教学法和实践教学法等；充分利用各种媒体和平台，与学生进行教学互动、疑难解答和思想交流；利用课间、课后时间，对个别学生进行面对面的辅导。经过师生双方的不懈努力，课堂教学纪律逐渐好转，学生们的学习积极性明显增强，取得了良好的教学效果。

二、第二种情怀：真诚沟通是做好教学工作的有效途径

真诚沟通是高校思想政治理论课教师做好教学工作的有效途径。这里的“真”既指

“真实”的表达，又有“真情”表白的意思。思想政治理论课教师要能够掌握学生情感形成的规律，以“真情”的教育方式逐步把处于自我中心的情感内容，提升到以社会和生活为中心的理性情感层次，且能够重视学生的情感过程体验和感悟，促进他们健康快乐地成长。

华中科技大学校长李培根在2010届本科生毕业典礼上做了题为《记忆》的演讲，时长16分钟，却被掌声打断了30多次，他被学生亲切地称呼为“根叔”。“根叔”的演讲为何能受到莘莘学子热烈的追捧？原因就是他的“真”，在2 000余字的演讲稿中，“俯卧撑”“躲猫猫”“打酱油”“妈妈喊你回家吃饭”“被就业”“被坚强”等词语俯拾皆是。“根叔”没有端起院士、校长的架子，而是把学生当作唠嗑、谈心的对象，这就是“根叔”的真情流露。一如他的这句演讲：“亲爱的同学们，也许你们难以有那么多的记忆。如果问你们关于一个字的记忆，那一定是‘被’。我知道，你们不喜欢‘被就业’‘被坚强’，那就挺直你们的脊梁，挺起你们的胸膛，自己去就业，坚强而勇敢地到社会中去闯荡。”正是他的真情拉近了与学生间的距离；正因为他的真情，让学生们感到了亲切。

“诚”即“诚信”，达到“彼此信任”。高校思想政治理论课教师不仅要做到“真”，而且要做到“信”。只有取信于学生，才能收到教育效果的最大化，这就要求思想政治理论课教师在讲课时所说的话不能让学生感到高高在上，遇到问题时不能不问缘由地对学生加以训斥。思想政治理论课教师要以真诚开放的态度对待学生，无论是在课堂上，还是在课下，都不要回避矛盾，不回避敏感尖锐的问题，学生感受到教师的真诚和实事求是，感受到教师是通过与学生摆事实、讲道理来解决问题的，学生们也会真诚地与教师进行沟通与交流。

高校思想政治理论课教师要做到与学生们的真诚沟通，可以从几个方面着手进行。

第一，要做到真诚沟通，关键是要换位思考。在一些高校课堂上，会出现学生上课迟到、早退、看手机、听音乐、交头接耳等现象，要想解决这些问题，教师千万不能居高临下地训斥，而应该设身处地、以移情的心理机制与学生进行换位思考，可以想想自己在学生时代有没有出现过类似的问题，如果有，又是什么原因造成的。有时稍做换位思考，问题就能想得通，解决起来就会有方法。

第二，要做到真诚沟通，本质是要“人情化”。教育不能强迫、逼迫，要遵循学生的身心发展规律，满足学生的需求，激发学生学习的积极性。用训导说教的方式与用温暖之词感化学生的方式开展教学，对学生的教育效果往往是不同的。

第三，要做到真诚沟通，根本方法是“差异化”。学生在课堂上出现各种问题，原因有很多，有的是自觉性差，有的是悟性不高，有的是教师的监管不到位。对于这些问题，解决起来不能搞“一刀切”，也不可“模式化”，而应该实行“差异化”，有针对性地采取不同的方法来解决。

三、第三种情怀：亲情感化是做好教学工作的崇高境界

爱是亲情感化的核心。有人说，世上有很多东西给予他人时是越分越少，有一样却是越分越多，这就是爱。爱，不是索取，不是等价交换，而是付出与给予，是自我牺牲。作为一名高校教师，尤其是思想政治理论课教师，首先要有一颗爱心，因为教育本身就是以德育德、以行导行、以智启智、以性养性、以情动情的过程。

多数大学生离开父母、远离家乡，开始独立生活，面对新环境和新生活可能会出现一些不适应。作为教师，不能用说教的口吻、居高临下的姿态或有厌烦的情绪，来面对那一张张不知所措的面孔。笔者总是这样告诫自己，要像对待家人和朋友一样对待学生们，要像处理自己的事情一样为他们排忧解难，在语言上尽量做到质朴柔和，在态度上努力做到真诚恳切，在心情上要做到放松缓和，以情来感化学生们。

思想政治理论课的特点是传播国家意识形态，引导青年树立科学的世界观、人生观和价值观，而我们的教学对象、所处的国际国内环境、政治社会生态已发生巨大变化。“以学生为本，亲情感化”应是教师的一种教学理念，学生成为课堂的主人，成为教师的朋友。学生们如有对人生、对国家、对世界的认知困惑，教师要积极引导他们共同探讨，在追求真理中启迪思想、陶冶情操，获得思想的升华。在教学中，教师要坚持“以学生为本”的理念，以亲情感化为出发点，突出现实导向，不断创新教学方式，以促进思想政治理论教育逐步达到“内化于心、外化于行”的效果。

笔者曾执教市场营销专业三个班的思想道德修养与法律基础课程，有一名学生让笔者印象深刻。上完第一次课，笔者就接到了他寻求帮助的电话，笔者请他到值班室面谈。

交谈中，笔者知道了他的诉求——与室友关系处理不好，想出去租房独居。笔者觉得有必要让他懂得大学校园人际关系的特点，同时对他提出了三点建议：一要调整心态，换位思考，从自身找原因，宽容豁达；二要努力塑造良好的个人形象，弥补性格上的不足，注重自身能力的培养；三要掌握人际沟通的技巧。在谈心的过程中，笔者不时引用一些名人名言，或以过来人的身份传授经验。希望他珍惜大学的美好时光，珍惜大学的同窗情谊，享受大学的快乐时光。看到他原本愁云密布的脸慢慢变得阳光起来，笔者感到很欣慰。

上述三种情怀是笔者在多年从教过程中得出的一些感悟，无论是用心投入，还是真诚沟通、亲情感化，过程都是非常艰辛、漫长的，但无论如何，作为人类灵魂工程师的教师，我们要时刻记住，学生们那一双双眼睛在默默地注视着我们，我们的言行会影响学生，也许我们的一句不当的话，就伤害了某个脆弱的心灵。但相反，也许我们一个真诚的鼓励，就能让迷茫的学生找到正确的方向。

作为一名高校教师，尤其是一名思想政治理论课教师，永远不要忘记自己肩负的责任，在播撒知识的同时，也要把美好的情感和向上的精神播撒在学生的心田。

参考文献

[1]崔付荣. 新时代大学生思想政治教育创新发展研究[M]. 北京：新华出版社，2018.

[2]戴丽红. 当代大学生思想政治教育创新探索[M]. 成都：电子科技大学出版社，2016.

[3]董晓蕾. 大学生思想政治教育方法的理论与实践研究[M]. 北京：北京师范大学出版社，2018.

[4]胡在东，宋珊，杨文. 大学生思想政治教育模式与方法创新[M]. 北京：九州出版社，2018.

[5]黄慧琳. 高校大学生思想政治教育与创新能力培养探索[M]. 成都：电子科技大学出版社，2017.

[6]简冬秋，孟广普. 大学生思想政治教育方法新论[M]. 沈阳：辽海出版社，2019.

[7]刘便花. 高校大学生思想政治教育创新与实践研究[M]. 北京：国家行政学院出版社，2017.

[8]史庆伟. 大学生思想政治教育管理与实践研究[M]. 天津：天津教育出版社，2015.

[9]王楠. 大学生思想政治教育创新研究[M]. 延吉：延边大学出版社，2017.

[10]徐建军. 大学生网络思想政治教育理论与方法[M]. 北京：人民出版社，2010.

[11]闫晓静. 大学生思想政治教育创新研究[M]. 成都：电子科技大学出版社，2017.

[12]周成军. 大学生思想政治教育与创新创业[M]. 北京：光明日报出版社，2016.

[13]蔡田，李翔宇，贾伟杰. 高校思想政治教育前沿问题探究[M]. 北京：中国书籍出版社，2014.

[14]张丹绮. 全媒体时代下大学生思政教育创新探索[M]. 长春：吉林出版集团股份有限公司，2019.

[15]韩学山. 新时期大学生思想政治教育理论研究与实践——以陕西民办高校为例[M]. 银川：宁夏人民出版社，2018.

[16]李春成. 新时期大学生思想政治教育探微[M]. 北京：中国水利水电出版社，2014.

[17]刘婷婷，魏灿欣. 大学生思想政治教育理论与实践浅析[M]. 北京：中国轻工业出版社，2015.

[18]刘伟. 高校思想政治理论课教学研究[M]. 石家庄：河北人民出版社，2018.

[19]李芳. 高校思想政治理论课教学方法科学化研究[M]. 北京：中央编译出版社，2019.

[20]白云，张文卿. 高校思想政治理论课社会实践设计与应用研究[M]. 青岛：中国海洋大学出版社，2019.

[21]李雅茹. 新时代高校思想政治理论课教学改革与创新[M]. 上海：上海远东出版社，2019.

[22]吴素香. 大学生思想政治理论课社会实践方法指导[M]. 武汉：华中科技大学出版社，2019.

[23]黄瑞新，赵婷，贾莉娜. 思想政治理论课实践教程[M]. 成都：电子科技大学出版社，2017.

[24]王雅芹. 思想政治理论课实践教学思考[J]. 中学政治教学参考，2022（1）：96.

[25]唐丽华，郭凡良，潘凤焕，等. 高职思想政治理论课的困境与破解[J]. 继续教育研究，2021（11）：65-70.

[26]李明凤. 思想政治理论课教学研究[J]. 时代报告，2021（6）：145-146.

[27]左志富. 论思想政治理论课教育改革[J]. 中学政治教学参考，2021（45）：82.

[28]孟繁华. 浅析思想政治理论课[J]. 山西青年，2019（16）：48.

[29]林毅，刘金玲. 高职院校思想政治理论课教学存在的问题与对策[J]. 齐鲁师范学院学报，2022（3）：70-77.

[30]樊凌伊. 新时代高校思想政治理论课教学困境与出路[J]. 贵州师范学院学报，2022（4）：35-41.

[31]张泽天. 基于慕课的高校思想政治理论课教学模式改革[J]. 内蒙古电大学刊，2022（3）：78-81.

[32]焦艳. 高校思想政治理论课教学方法改革和创新[J]. 中学政治教学参考，2022（13）：89.

[33]郭文静. 新时代高校思想政治理论课教学改革研究[J]. 赢未来，2022（7）：

175-177.

[34]人民日报评论员. 把思政课办得越来越好[N]. 中国教育报，2019-03-19.

[35]中国教育报评论员. 思政课是落实立德树人根本任务的关键课程[N]. 中国教育报， 2019-03-21.

[36]中国教育报评论员. 各级党委要把思政课建设摆上重要议程[N]. 中国教育报，2019-03-25.

[37]焦新. 全国高校思政课教师集体学习习近平法治思想[N]. 中国教育报，2020-12-12.

[38]宗河. 全国高校思政课教师深入学习习近平总书记在中国人民大学考察时重要讲话精神[N]. 中国教育报，2022-05-13.

[39]李澈，董少校，柯进，等. 自觉做为学为人的表率[N]. 中国教育报，2019-03-21（1）.

[40]中国教育报评论员. 推动思想政治理论课改革创新[N]. 中国教育报，2019-03-23.

[41]人民日报评论员. 党的领导是思政课建设根本保证[N]. 人民日报，2019-03-22.

[42]杜尚泽. “‘大思政课’我们要善用之”（微镜头·习近平总书记两会“下团组”·两会现场观察）[N]. 人民日报，2021-03-06.

[43]刘学. 坚持用习近平新时代中国特色社会主义思想铸魂育人[N]. 人民日报，2021-06-04（13）.

[44]仲音. “把道理讲深、讲透、讲活”[N]. 人民日报，2022-06-15（4）.

[45]习近平. 在学校思想政治理论课教师座谈会上的讲话[N]. 人民日报，2019-3-18.

[46]习近平. 习近平在全国高校思想政治工作会议上强调 把思想政治工作贯穿教育教学全过程 开创我国高等教育事业发展新局面[N]. 人民日报，2016-12-08.

[47]习近平. 习近平主持召开学校思想政治理论课教师座谈会强调 用新时代中国特色社会主义思想铸魂育人 贯彻党的教育方针落实立德树人根本任务[N]. 人民日报，2019-3-19.

[48]习近平. 习近平谈治国理政（第二卷）[M]. 北京：外文出版社，2017.

[49]习近平在北京大学生考察时强调：青年要自觉践行社会主义核心价值观与祖国

和人民同行努力创造精彩人生[N]. 人民日报，2014-05-05.

[50]马克思. 马克思恩格斯选集（第一卷）[M]. 北京：人民出版社，1995.

[51]邹吉忠. 高校思想政治理论课教师的新使命[N]. 光明日报，2019-04-10.

[52]闻言. 把青春播撒在民族复兴的征程上——学习习近平《论党的青年工作》[N]. 人民日报，2022-08-03.

[53]汪晓东，王洲. 让青春在奉献中焕发绚丽光彩——习近平总书记关于青年工作重要论述综述[N]. 人民日报，2021-5-4.

[54]赵承，霍小光，张晓松，等. 彩云常在有新天——党的十九大以来以习近平同志为核心的党中央关心推进宣传思想工作纪实[N]. 人民日报，2020-01-02.

[55]人民日报评论员. 从百年党史中感悟思想伟力[N]. 人民日报，2021-4-7（2）.

[56]刘程雯. 思想政治理论课讨论式教学模式构建[J]. 广东技术师范大学学报，2020（5）：107-112.

[57]习近平. 在北京大学师生座谈会上的讲话[N]. 人民日报，2018-05-02（2）.

[58]张烁. 习近平在全国教育大会上强调 坚持中国特色社会主义教育发展道路 培养德智体美劳全面发展的社会主义建设者和接班人[EB/OL].（2018-09-11）[2020-09-01].http//edu.people.com.cn/n1/2018/0911/c1053-30286253.html.

[59]宣勇. 基于学科的大学管理模式选择[J]. 中国高教研究，2002（4）：45-46.

[60]孙绵涛，朱晓黎. 关于学科本质的再认识[J]. 教育研究，2007（12）：31-35.

[61]肖楠，杨连生. 学科及其“两态”互动的本质[J]. 中国高教研究，2010（7）：45-48.

[62]阎光才. 高等教育研究的学科化：知识建构还是话语策略？[J]. 北京大学教育评论，2011，9（4）62-69.